Historical Turning Points
in World War II
二战转折史

激战英伦
不列颠空战

主编 石 磊
编委 石 磊 张胜杰 范 虹
　　　郑喜研 梁庆伟 梁风燕

规模最大的空战，德军首次以失败收场
好战必亡，忘战必危。重温70年前的惊天逆转战
二战普及读物

武汉大学出版社

图书在版编目(CIP)数据

激战英伦:不列颠空战/石磊主编.—武汉:武汉大学出版社,2014.9
(二战转折史)
ISBN 978-7-307-14428-6

Ⅰ.激… Ⅱ.石… Ⅲ.第二次世界大战战役—空战—英国—通俗读物 Ⅳ.E561.9-49

中国版本图书馆 CIP 数据核字(2014)第 219026 号

责任编辑:聂勇军　　责任校对:鄢春梅　　版式设计:马　佳

出版发行:**武汉大学出版社**　　(430072　武昌　珞珈山)
　　　　(电子邮件:cbs22@whu.edu.cn　网址:www.wdp.com.cn)
印刷:武汉中科兴业印务有限公司
开本:720×1000　1/16　印张:13.5　字数:188 千字
版次:2014 年 9 月第 1 版　　2014 年 9 月第 1 次印刷
ISBN 978-7-307-14428-6　　定价:25.00 元

版权所有,不得翻印;凡购我社的图书,如有质量问题,请与当地图书销售部门联系调换。

前言

20世纪三四十年代发生的那场战争,将世界范围内60%的国家拖入战车之中,战火遍及亚洲、欧洲、美洲、非洲及大洋州;战争所带来的血腥杀戮,所造成的巨大破坏,长久渗透在战后人类社会生活的各个方面,给世界人民带来了巨大的灾难,是人类痛苦的总源,这场战争就是第二次世界大战。

战争,是人类矛盾的集中反映,是人类解决矛盾的终极之道。关于战争,有这样一首诗歌:"飘溅的血液,嘶哑的呼喊,钢铁和肉体的碰撞,生命与死神的舞蹈,这就是战争,这就是战场。没有丝毫的犹豫,没有丝毫的退让,每一秒都有生命在流逝,回归天地的怀抱,这是一场没有胜者的竞技,只有黑色的大地见证曾经的惨烈……"诚如诗歌所描述的那样,战争意味着惨烈,战争意味着残酷,战争意味着破坏,战争意味着生离死别,战争意味着胜者为王、败者为寇!可是,尽管战争带来的是摧毁,尽管战争带来的是永别,我们却不得不承认,自从有了战争,它就始终如一道黑色的幽灵,与几千年的人类文明史相伴相随。

第二次世界大战是人类有史以来规模最大的战争,无论是战火波及的区域,直接或间接参与的国家,还是生命财产的损失等,没有其他的战争可与其相比。其所造成的冲击与影响,更是全面而深远，值得我们加以关注、反思。尽管大战结束近70年，物换新移，时过境迁，但它仍以恢宏的气势、深刻的内涵、丰富的底蕴，磁铁般地吸引着中外众多的军事家、历史学家、社会学家去探究和著述。

研究战史离不开战争本身，据历史学家统计，在整个第二次世界大战中，尽管大型战斗不下100次，但真正具有转折意义的战斗则只有5次，即"不列颠空战"——德军二战首败；"中途岛海战"——太平洋战场转折点；"阿拉曼战役"——非洲战场转折点；"斯大林格勒战役"——整个二战转折点；"诺曼底登陆战役"——德国法西斯灭亡，欧洲战事结束。由于此5次战争的重大性，它实际上又与其他大战紧密相连，透彻了解这5次战争，了解这5次转折战的背景、产生、准备、战况、结局，就等于把握住了第二次世界大战的内核，了解了整个战争的来龙去脉及整体走势。正是基于此种考虑，我们特邀请军内外一批学有专长的史学专家撰写了这套《二战转折史》。

本套图书可作为二战的普及读物。考虑到现代人的阅读习惯以及阅读时间，本套图书没有像其他同类图书那样连篇累牍地堆砌各种文字，因铺陈详尽从而堆成一本无法读完的"砖头"，而是去除各种无关人物、无关事件，只聚焦战争中最核心的要素、最精彩的部分，对这5大战争作冷静、客观的分析与思考。书中既有高屋建瓴的大场面描写，也有个性人物的细腻刻画，将整个战争进程以最精练的文字、最适宜的篇幅完美呈献给读者。

以史为鉴，可以知兴替；以人为鉴，可以明得失。此套图书的出版，无疑也是一本国情教育读物。中国是一个多灾多难的国家，中国曾经参加了两次世界大战，但由于国力的弱小，尽管两次都作为战胜国，但并没有获得应有的尊重，没有取得原本属于自己的权益，甚至作为战胜国还要签订丧权辱国的条约。如今，我们迎来了和平建国的时代，对于饱受战争创伤的中华民族来说，没有什么比和平更珍贵的了。然而一个优秀的民族，必定是一个尊重历史的民族，必定是一个懂得反省的民族，二战中14年抗战，对中华民族来说，是永远的国殇，永远的国耻，永远的警钟，永远的反省。它告诉我们一个亘古不变的道理：国力落后就要挨打，放松警惕就要挨打，武备松弛就要挨打！

古人云：国虽大，好战必亡；天下虽安，忘战必危。在第二次世界大战胜利70周年即将来临之际，我社隆重推出此套图书，也是借以提醒一些忘战人士，在当前和平与发展成为时代主题的背景下，战争其实并不遥远，发生战争的危险时刻存在，不珍爱和平是可悲的，但认识不到为了和平必须作好战争的准备更是不可原谅的。只有居安思危，常备不懈，勿忘国耻，有一个强大的实力作后盾，有一个强大的国防，有一支强大的军队，这才是维护和平和发展的最好手段。

历史是一面镜子，本套图书能使读者鉴往知今，同时，也能使读者在阅读本书之时，领悟到"多行不义必自毙"的真正内涵。这也是70年前的那场大战留给你、我、他（国）的最深刻启示。

编　者

2014年9月

目录

第一篇　蓄谋已久的侵略 / 001
　　一、大战爆发时双方兵力　/ 002
　　二、侵吞波兰　/ 007
　　三、"假战争"　/ 012
　　四、侵吞挪威　/ 019
　　五、侵吞西欧　/ 025
　　六、亲法与仇英　/ 039

第二篇　英国的困境 / 047
　　一、图谋法兰西　/ 048
　　二、"闪电战"大显神威　/ 050
　　三、英法联军被困敦刻尔克　/ 053
　　四、逃离法兰西　/ 055

第三篇　拒绝和谈 / 061
　　一、"不要行动"　/ 062
　　二、抛给英国人的橄榄枝　/ 066

三、"不，决不"　　/ 068
　　四、"海狮"计划　　/ 070

第四篇　全民动手御强敌　/ 077
　　一、严阵以待　　/ 078
　　二、抢筑防线　　/ 082
　　三、"弩炮"计划　　/ 086

第五篇　七月海峡志未酬　/ 089
　　一、谁的"剑"更锋利？　　/ 090
　　二、不停歇地造飞机　　/ 097
　　三、空战序幕拉开　　/ 099
　　四、空中格斗　　/ 103
　　五、交手后的反思　　/ 107

第六篇　戈林无能为力　/ 115
　　一、"鹰袭"计划　　/ 116

二、"鹰日"激战　／119
三、"黑色的星期四"　／127
四、夜袭利物浦　／132
五、长空铁拳——英国皇家空军　／133

第七篇　伦敦空战　／141
一、误袭伦敦　／142
二、轰炸柏林　／146
三、报复性空袭　／147
四、"黑潭战线"　／154

第八篇　皇家空军显神威　／157
一、"不列颠空战日"　／158
二、气馁的行动　／162
三、德国的忧虑　／170
四、不倒的伦敦人　／173
五、最后的轰炸　／179

六、原始电子战　　/ 188

第九篇　空战结束　/ 193
一、德军的失败　/ 194
二、英军的胜利　/ 197

第一篇
蓄谋已久的侵略

曼施坦因随后说服了伦斯德将军,并向以布劳希奇和哈尔德为首的陆军最高统帅部递送了一份备忘录。陆军最高司令部曾拒绝采纳曼施坦因的主张,但是,他终于将他的主张上达希特勒。

第一篇 蓄谋已久的侵略

一、大战爆发时双方兵力

1939年9月1日，星期五，德军入侵波兰。9月3日，星期日，英国政府向德国宣战，履行先前对波兰做出的保证。六小时之后，法国政府也对德宣战。

70岁高龄的张伯伦首相向英国议会发表讲话时，最后讲到："我相信，在我有生之年，可以看到希特勒主义遭到摧毁、自由欧洲重新建立之日。"但是，不到一个月，波兰就沦亡。不出九个月，大半西欧就淹没在日益泛滥的战争洪水之中。虽然希特勒最终被推翻，自由欧洲却没有重新建立。

工党发言人阿瑟·格林伍德在欢迎宣战，表达他如释重负的心情时说："我们大家经受了无法忍受的焦虑之苦，现在终于一去不复返了。现在到底否极泰来了。"他的发言引起全场掌声雷动，由此可见他表达了下院的共同心情。他最后说："但愿这次战争迅速而短促，但愿随之而来的和平在一个坏蛋所摧毁的废墟上永远傲然屹立。"

对双方的人力物力不管怎样适当估计，也没有任何理由可以认为，这次战争会"迅速而短促"，甚至也没有任何理由可以指望，单单英法两国就能打败德国。自以为"现在到底否极泰来了"，那是更加愚蠢的事。

对波兰的实力有不少错觉。哈利法克斯勋爵身为外交大臣，应该见多识广，但他却认为波兰比俄国更具军事价值，宁愿争取同波兰结盟。在英国突然决定要对波兰做出保证的前几天，即3月24

日,他告诉美国大使的正是这个内容。7月,英军监察长艾恩赛德将军视察了波兰陆军,他一回国,就向首相上交了"赞扬备至"的报告。

对法国陆军的错觉更要大得多。丘吉尔本人曾将法国陆军称作"欧洲最有训练、最为忠诚的机动部队"。在战前几天,他会见了法国野战军总司令乔治将军,看到法德两国实力的数字比较,心放了下来,说:"你们倒是占了上风。"

或许是因为这个缘故,丘吉尔更加热心随同他人催逼法国赶快宣战,以支持波兰。法国大使的公文中讲到:"温斯顿·丘吉尔先生也是最为激动的一名人士;他的一阵阵赞扬声震得电话都为之颤动。"3月间,丘吉尔还自称,在对波兰提供保证的问题上,"同首相的意见绝无二致"。他和十之八九的英国政界领袖一样,把保证的价值说成是维护和平的手段。只有乔治指出,这一保证既行不通更有危险。但是,他的警告却被《泰晤士报》描绘为"这是乔治先生无法安慰的悲观情绪的发作,看来他现在是生活在他自己头脑里一个奇异而遥远的世界之中"。

波兰能再坚守一些时候吗?在解除德国对波兰的压力方面,英法两国能再多出些力吗?就现在所了解的武力的数字来看,以上两个问题的答案,乍看起来似乎都是"肯定"的。在人数上,波兰有足够兵力可以在前线阻挡德军,至少可以大大延缓德军的推进。就兵力而论,法国也显然能够击败留在西欧对抗的德军。

波兰陆军共有30个现役师和十个后备师,至少还有12个大骑兵旅,虽然其中只有一个是摩托化的。至于潜在的兵力,数量上则大大超过所有师的兵力总数,因为波兰有将近250万"受过训练的人"可以动员。

法国动员了相当于110个师的兵力,其中至少有65个现役师。包括五个骑兵师,两个机械化师,一个正在建立中的装甲师,其余都是步兵师。在这总数中,即使除去防守法国南部和北非的部队以抵御意大利可能发动的进攻外,法国统帅部仍然能够在面对德国的北方战线集结85个师。此外还能够动员500万受过训练的人。

英国除了派兵防守中东和远东外,在战争开始时曾答应派遣四个常备师去法国,而实际上派遣去的是相当于五个师的兵力。但是,由于海上运输问题,再则,为了避开空袭,必须绕道航行,这头一支分遣队迟至9月下旬才能到达。

英国除有规模不大而质量很高的常备军外,正在建立并装备一支有26个师的本土野战军。在战争爆发时,英国政府还计划把总数增长到55个师。可是,这新军的第一支分遣队却要到1940年才能投入战场。在此期间,英国所能起的主要作用,无非是按照传统方式,以海军实行海上封锁,而这种形式的压力向来是无法收到速效的。

英国有一支600多架的轰炸机队,虽然远不及德国的半数,但也比法国多一倍。但是,鉴于当时服役的飞机大小和航程均有限,不能正面进攻德国。

德国动员了98个师,其中52个师是现役师(包括六个奥地利师)。在其余46个师中,适合动员作战的却只有十个师,即使是这十个师,其中人员也大都是入伍不过一个月的新兵。余下36个师的人员,主要是参加过第一次世界大战的老兵,年龄都已40,对现代武器和战术都不熟悉。这些师都很缺乏大炮等武器。

德国陆军没有准备在1939年打仗——德军将领信赖希特勒的保证,并没有料到会爆发这次战争。当初他们是勉强同意希特勒的迅速扩军要求的,因为他们只想逐步增加受过充分训练的干部,但是,希特勒一再告诉他们,有充分的时间可以进行这样的训练,因为他最早也不想在1944年之前就冒险进行一场大战。

但事后,一般人反而认为,德国在战争初期之所以势如破竹地一次次打胜仗,是因为人数上和武器上都占压倒性优势。

对比一下双方的实力,就可以看到波法两国总共有100多个师,而德国只有98个师,其中36个师实际上既没有受过训练,也没有经过编制。在"受过训练的士兵"人数上,波法两国比德国更要多得多。这一人数优势之所以被抵消,是因为波法两国的总数虽比德国大,但是两国相隔很远,德国居中,波法两国的总兵力就一分为二了。

即便如此,从数量上计算,波兰的部队也多得足以抵挡向他们发动进攻的突击部队。此外，波兰大约还有六个已经动员的后备师。

就表面来看，法国似乎大占优势，足以在西欧打垮德军，杀向莱茵河。法国竟没有这样做，使德国将领既诧异又宽慰。因为大多数德国将领往往还是按照1918年的情况来考虑问题的，他们和英国人一样，高估了法国陆军的力量。

如果比较仔细地调查一番，对于固有的不利条件、对于1939年第一次付诸实施的战争新技术有比较清楚的了解，那么，对于波兰能否守得住、法国能否比较顺利地援助波兰，就会有大不相同的看法。

丘吉尔在大战回忆录中谈到波兰崩溃时说：

> 装甲车辆可以抵挡炮火轰击，也可以一天推进一百英里，这一新的事实究竟能引起什么后果，法英两国人都不能真正理解。

这句话，如果是针对法英两国的大部分高级军政人员而言，那是再正确不过了。但是，装甲车辆这两种新的军事潜力，首先是英国的一小批先进军事思想家设想出来，并不断公开说明的。

丘吉尔在回忆录第二卷中讲到1940年法国崩溃时，虽然有所保留，但还是坦白交代了以下一段著名的话：

> 由于很多年没有接触官方情报，我并不了解从上次大战以来动用大批快速重型装甲部队进行袭击所引起的剧烈变革。这一点我虽然知道，但竟然没有改变内心深处的信念。

这番话，出自第一次世界大战时大力提倡使用坦克的人物之口，是值得注意的。这种交代值得尊敬，原因在于坦率。

对这一新的作战思想缺乏理解，官方对这一作战思想力加抵制，这两种情况，在法国比英国更为严重，而波兰又比法国严重。法波两军在1939年遭到失败，法军在1940年又一次遭到更为惨重的失败，其根源就是对这一新的作战思想缺乏理解。

波兰的军事主导思想是陈旧的，部队的组织形式也很陈旧，既没有装甲师也没有摩托化师，旧式的队伍非常缺乏反坦克炮和高射炮。此外，波兰的首脑仍然迷信大批骑兵的价值，说来可悲，他们竟然相信骑兵有可能打冲锋。在这一点上，可以毫不夸张地说，他们的思想落后了80年，因为早在美国南北战争中，就已经表明用骑兵打冲锋毫无用处——尽管重视骑兵的军人对这一教训还是闭起眼睛不看。在第一次世界大战期间，所有军队都保持大量骑兵，好像缘木求鱼般地希望有机会一试，这实在是那场非机动化战争中的天大笑话。

此外，法国虽有现代化部队的许多要素，但是没有把这些要素组织起来，编成一支现代化部队，因为领导层的军事思想落后了20年。法国失败后出现了种种传说，然而，事实恰恰与此相反，战争刚爆发那时，法国的坦克比德国造的坦克多，许多坦克都比德国坦克大，装甲也更厚，只是速度较慢而已。可是，法国最高统帅部仍用1918年的老眼光看待坦克，或看作步兵的良好工具，或看成补充骑兵的侦察部队。这种老式的想法把他们迷住了，所以，他们不像德国人，迟迟不把坦克编成装甲师，依然打算把坦克大材小用。

由于陆军缺乏空军的掩护和支援，法国在新型地面部队中的弱点就更为突出，波兰尤其如此。就波兰而言，这多少是因为缺乏制造坦克的物资，但是，法国却没有这种借口。波法两国都先是着重建立庞大的陆军，其次才来建立空军，因为在军事预算的分配上，将领的意见是起左右作用的，将领自然往往支持他们所熟悉的军种。他们远远没有认识到，现在地面部队要起作用，就要有充分的空军掩护。

波法两军之所以崩溃，究其原因，可以说是领导层自傲得要命。就法国来说，滋长这种自满情绪的，一是第一次世界大战的胜利，二是他们的将领总是拜倒在他们自以为优越的军事知识面前。就波兰来说，养成这种自满情绪的，是1920年他们打败过俄国。两国将领长期以来对他们的军队和军事技术都得意得盛气凌人。

相反，德国陆军还远远不是一支真有战斗力的现代化部队，不仅还没有作好战争准备，而且大部分现役师在组织形式上都已过时，而最高统帅部往往还是想按常规办事。不过，在战争爆发时，已经编了少数新式部队——六个装甲师和四个"轻"（机械化）师，还有四个摩托化步兵师作为后援。这在德国陆军中虽为数不多，但比其余部队都举足轻重。

对于是否发动战争，德国最高统帅踌躇再三，才认可高速作战的新理论，也愿意对此作一尝试。这主要是因为海因茨·古德里安将军和其他少数人热心鼓吹，而且他们的一套论点正合希特勒的胃口——凡是可以保证速战速决的主张，希特勒都是支持的。总之，德国陆军之所以能够取得一连串惊人的胜利，并不是因为在实力上占有压倒性优势，也不是因为在形式上完全现代化，而是因为比对手先进几分，也是不可或缺的几分。

二、侵吞波兰

波兰战役是装甲部队与空军联合作战这一运动战理论第一次用于战争的实验和样板。这一理论当初在英国发展起来时，是以速如"闪电"来描绘这一理论的。二战后，德国人发动的"闪电战"这一名称在全世界流行起来，叫法虽然恰到好处，但也令人啼笑皆非。

波兰是最适宜实验"闪电战"的场所。波兰边境非常辽阔，共约3500英里。与德国领土接壤的边界，原长1250英里，之后由于捷克斯洛伐克被其占领，边界已达1750英里。这样，波兰的南侧也就暴露在入侵军面前——面对东普鲁士的北侧早已如此。波兰西部则已成为德国钳形包围之中的一大突角。

波兰平原为入侵的机动部队提供了相当方便的平坦通道，只是不如法国那么容易通行，因为波兰缺少良好公路，厚厚的泥沙往往堵塞公路，某些地区也常有湖泊和森林。但是，正式入侵却使这些

第一篇 蓄谋已久的侵略

9月1日,德国入侵波兰,二战正式爆发。

障碍微不足道了。

如果波兰陆军再往后撤到宽阔的维斯瓦河和桑河河界后面集结,可能比较明智,不过,那样一来,势必放弃这个国家最重要的一些地区。1918年以前属于德国的西里西亚煤田都靠近边境,主要工业区域虽然大部分离边境较远,但都位于河川屏障以西。即使在最有利的情况下,也难以想象波兰能在前方地区守住阵地。可是,波兰出于民族自尊心,对军事力量又过分自信,再加上,对西方盟邦有办法帮助解除压力的承诺存在着不切实际的想法,所以,波兰更有充分理由,为经济利益而尽力延缓敌人向主要工业区的推进。

德军是在9月1日上午6时前越过波兰边境的;空袭在前一小时就已开始。在北路入侵的是包克集团军群。这个集团军群包括屈希勒尔统率的第三集团军和克鲁格统率的第四集团军。前者从东普鲁士的侧翼阵地向南插入,后者则向东推进,越过波兰"走廊"与前者会合,以包围波兰的右侧。

承担更重大任务的是南路的伦斯德集团军群。这个集团军群的步兵实力比包克集团军群几乎大一倍，装甲部队也强得多。其中包括布拉斯科维茨统率的第八集团军、赖歇瑙统率的第十集团军和利斯特统率的第十四集团军。左翼，布拉斯科维茨奉令向大工业中心罗兹推进，一面协同围困波兹南这一突出部分的波军，一面掩护赖歇瑙的翼侧。右翼，利斯特受命向克拉科夫推进，同时绕过波兰的喀尔巴阡山脉侧翼，用克莱斯特的装甲军穿越喀尔巴阡山口。但是，决定性的打击归居中的赖歇瑙担任，因此大部分装甲部队都分配给他了。

德军入侵之所以成功，也是因为波兰的首脑轻视防御，不用心建筑防御工事，宁愿依靠反攻——他们认为他们的军队尽管缺乏机械化装备，但还是能够发动反攻的。因此，机械化的入侵军能够毫无困难地找到并突破前进的通道，而波兰的反攻，在德国对他们进攻部队加以回击，对他们后方加强威胁这两面夹击下，大都遭到失败。

到9月3日，英法参战时，克鲁格部队已经切断波兰"走廊"，攻至维斯瓦河下游；屈希勒尔部队从东普鲁士向那累夫河施加压力。更为重要的是，赖歇瑙装甲部队已经冲到瓦尔塔河，并已强渡。与此同时，利斯特集团军正从两翼向克拉科夫会聚，迫使该防区的希林集团军弃城而退至尼达河与杜纳耶次河一线。

到4日，赖歇瑙的先头部队已到达离边境50英里的皮利察河，并渡过河。过了两天，他的左翼占领托马舒夫后，已伸入罗兹的后方，他的右翼已攻入基埃尔策，这样，守卫罗兹防区的波兰罗梅尔集团军遭到了两面夹攻。而库切巴集团军仍然远在前方波兹南附近，处于被围困的危险之中。在总参谋长哈尔德所策划、总司令布劳希奇所指挥的这一包围战中，其余德军也都在执行各自任务时取得了进展。波军被分割成若干互不配合的部分，有的在撤退，有的对近在眼前的敌人纵队断断续续地发动进攻。

如果不是沿袭已久的习惯势力即不让机动部队远远赶在支援他们的步兵大队前面，那么德军的推进可能还要快得多。但是，新获得的经验表明，由于敌方一片混乱，减少了这种危险，德军就采取了更加大胆的方针。8日，赖歇瑙的一队装甲军，利用罗兹与皮利

二、侵吞波兰

第一篇 蓄谋已久的侵略

察河之间的缺口,飞速攻至华沙近郊——在第一个星期已经前进140英里。到9日,他右翼的轻型装甲师到达华沙与散多梅希之间的维斯瓦河更南的地方,然后折而向北。

与此同时,在喀尔巴阡山脉的附近,利斯特机动部队——越过杜纳耶次河、比亚瓦河、维斯沃卡河和维斯沃克河,一直打到著名的普热米什尔要塞两侧的桑河。北路,古德里安装甲军(屈希勒尔集团军的先头部队)已越过那累夫河,对华沙后方的布格河一线发动进攻。这样,在对华沙以西维斯瓦河湾的波军发动的钳形攻势外面,又摧枯拉朽地层开了一个更大的钳形攻势。

在这一阶段的入侵中,德国方面的计划作了重大变动。当时波兰方面异常混乱,各纵队在向许多不同方向前进,卷起的尘土模糊了空中的视野,因此德国方面对局势的看法一时陷于混乱。在这种真相不明的状态下,德国最高统帅部免不了认为北方波军大都已经逃过维斯瓦河。基于这一设想,他们命令赖歇瑙集团军在华沙与散多梅希之间越过维斯瓦河,以拦击波军向波兰东南部撤退。但是,伦斯德表示异议,他确信大部分波军仍在维斯瓦河以西。经过一番争论,他的意见占了上风,于是赖歇瑙集团军掉头北上,在华沙以西布祖腊河一带建立起一个封锁阵地。

结果,绝大部分的波兰残军还没有撤过维斯瓦河就陷入了重围。德军除了在最少抵抗的一带进行战略突破而占优势外,这时又在战术防御方面占了优势。他们要获得全胜,只要坚守阵地,因为他们面对的是一支仓皇出击的军队,这支军队在阵后作战,基地已被切断,补给越来越短缺,而布拉斯科维茨和克鲁格这两支集团军正会师东进,在其翼侧和背后施加越来越大的压力。尽管波军勇猛作战,其英勇使对手深为感动,但是,最终只有一小部分趁黑夜设法突围,与华沙的驻军会合。

10日,波兰波斯密格莱·利兹陆军元帅发布命令,向索斯恩科夫斯基将军奉命负责的波兰东南部总退却,打算在一条比较狭窄的战线上建立防御阵地以作长期抵抗。但在当时,这却成了空想。当时德军一方面收紧维斯瓦河以西的大包围圈,另一方面正深入到维斯瓦河以东的地区。此外,他们在北方已经包抄布格河一线,在南方已经包抄桑河一线。

尽管入侵纵队因纵深推进而感到极度疲劳，同时燃料也感短缺，但是，波兰的指挥系统严重脱节，既不能趁敌人暂时放慢步伐而加以利用，也不能从许多孤军的奋战中得到好处。这些队伍胡乱行动，耗尽精力，而德军却在逐步合围。

9月17日，苏俄军队越过波兰东部边境。这背后一击决定了波兰的命运，因为波兰简直没有留下什么部队可以抵抗这第二次入侵了。次日，波兰政府和最高统帅部命令部队继续作战。这个命令多数部队都没有接到，但在其后的日子里，许多部队还是继续英勇抗战，只是抵抗逐一失败罢了。华沙驻军尽管遭到空中和地面的猛烈轰击，还是一直守到28日，最后的一大批波兰残军到10月5日才放下武器，而游击队则继续抵抗到冬季。大约有八万人逃过中立国边境。

从东普鲁士向南，越过比亚韦斯托克、布列斯特、里托夫斯克和利沃夫，一直到喀尔巴阡山脉的一线，德俄两军，作为伙伴，会师了，互相祝贺。这一伙伴关系通过共同瓜分波兰而确定下来，但是并不牢固。

尽管法国北部边境长达500英里，但是法国想不破坏比利时和卢森堡的中立，就只能在莱茵河到摩泽尔河这90英里的狭窄地区发动进攻。德国能在这一狭窄地区集中最精锐的兵力，而且他们也在通向齐格菲防线的路上密布地雷，从而使来犯敌人不得不放慢进军步伐。

更加糟糕的是，法国除了作一些初步试攻外，要到9月17日前后才能发动大规模进攻。到那时，波兰的崩溃之势已经非常明显，因此法国大有借口取消这一攻势。他们之所以不能提前发动进攻，是因为已经过时的动员制度。之所以有这一致命伤，是因为他们依靠义务军。这支军队，只有在大批"受过训练的后备人员"从各自民间工作岗位上征集而来，编成队伍准备作战之后，才能够真正投入战斗。但是，法国统帅部恪守旧的一套战术思想，特别是坚持自己的观点：一定要效法第一次世界大战，先是大炮猛轰一阵，再来发动进攻，所以他们的行动更加推迟了。他们仍然认为重炮是对付任何防御阵地的"开罐刀"。可是，他们的重炮大都要从仓库中提取出来，并且要到第 16 天，也就是动员的最后阶段，才能到手。

在好几年前，法国政治领袖保罗·雷诺就不断指出，这套战法已经过时，他也极力主张，一定要由职业军人组成一支可以立即投入战斗的机械化部队，而不是依靠旧式的、动员缓慢的征召的兵员。但是，他的呼声始终无人理睬。法国政治家，像大多数法国军人一样，信赖的是征兵制。

1939 年的战事结局，可归结为两句话。在东方，一支陈旧得无可救药的军队，为一支应用新技术的小坦克部队加上占优势的空军所瓦解。而在西方，一支动作迟缓的军队，不能及早施展任何有效的压力。

三、"假战争"

"假战争"是美国报刊所创造的一个名词。正如许多生动的美国词汇一样，"假战争"这一名词很快就为大西洋两岸所采用。从 1939 年 9 月波兰崩溃开始，一直到次年春季希特勒向西欧发动进攻，这段时间的战争，已定名为"假战争"。

创造这一名词的人，是想说明这场战争是虚假的，因为英法两军与德军之间没有打什么大仗。实际上，这一时期幕后各种鬼祟活动不断。在这一时期中，一个德国参谋遇到一个奇怪事故，这件事使希特勒大吃一惊，在其后几个星期中，德国完全改变了军事计划。老计划是绝不可能像新计划那样获得成功的。

但是，这一切并不为世人所知。天下人士只能看到战线一片平静，从而断定战神已然沉睡。

公众对这一表面平静状态解释不一。一种解释是，英法两国虽然为波兰而宣战，但并不是真想打仗，而在等待和谈。公众的另一种解释是，英法两国在耍滑头。美国报刊登载了许多报道，说同盟军最高统帅部经过考虑，采用了一个设想巧妙的战略防御计划，正在为德军设置陷阱。

以上两种解释都没有根据。那年秋冬两季，同盟国政府和最高统帅部花不少时间讨论了进攻德国或德国两侧的计划（凭其资源是无法实现这套计划的），而不是在集中精力对希特勒即将发动的进攻做出有效的防御准备。

法国沦亡后，德军接管法国最高统帅部的档案，据此公布了一些耸人听闻的文件。这些文件表明，同盟国首脑整个冬季都在考虑全面进攻计划——通过挪威、瑞典和芬兰攻打德国的后侧；通过比利时攻打鲁尔区；通过希腊和巴尔干半岛各国攻打德国遥远的东侧；以攻打高加索的俄国大油田而切断德国汽油供应的外部来源。这是一部精彩绝伦的幻想汇编——都是同盟国首脑的空想，他们一直生活在梦境中，后来遭到希特勒发动进攻这盆冷水浇头，才惊醒过来。

希特勒做事素有远虑。他开始想到进攻西欧之时，正是波兰一战临近结束之日，也是在他公开建议召开和平大会之前。他显然早已明白，诸如此类的建议，西方同盟国未必考虑。但当时他只让直属下级知道他思想正在转变。10月6日，他公开提出和平建议，这个建议遭到公开拒绝，在此之前，他始终把总参谋部蒙在鼓里。

三天后，希特勒在给德国陆军将领的一长篇指令中，详述了他的想法，阐明了他之所以坚信进攻西欧是德国唯一可行途径的种种理由。这是最能说明问题的文件。他在这些文件中断言，同英法两国展开持久战，将耗尽德国资源，也便于俄国从背后给予致命打击。他担心，他和俄国签订的条约，只有在符合俄国的目的之时，才会使俄国保持中立。出于这一担心，他就要提早进攻法国，以迫使法国接受和平条件。他相信一旦法国垮台，英国也会就范。

希特勒认为目前他有兵力和装备打败法国，因为德国在新式武器方面所占的优势是巨大的：

> 目前，坦克和空军不仅作为进攻手段，而且也作为防御手段，其技术之高是其他力量望尘莫及的。经过编制，又在熟练

的领导之下（优于其他任何国家），坦克和空军保证有战略上的作战潜力。

他虽然承认法国在旧式武器方面，特别在重炮方面，占有优势，但是争辩说，"这些武器在运动战中丝毫不起决定性作用"。由于他在新式武器上占有技术优势，所以他也能低估法国在受过训练士兵的人数上所占的优势。

希特勒接着争辩说，如果他坐等法国厌倦战争，那么"由于英国战斗力增长，法国就会有新的作战因素，这无论在心理上和物质上对法国都有极大价值"——以此巩固防御。

首先必须防止敌人改进他们的兵器，特别是反坦克武器和高射武器，从而造成力量的均势。就此而论，今后每一个月的消逝都意味着时间的丧失，将不利于德国的进攻力量。

希特勒担心的是，因轻胜波兰而引起的兴高采烈一旦消失，德国士兵的"作战意志"也会随之而消失。希特勒认为他必须及早出击，免得为时太晚。他说："在当前形势下，时间可以看作是西方列强的盟国，而不是我们的友邦。"他在备忘录的结尾做出这样的结论："如果一切条件许可，就要在今年秋季发动进攻。"

希特勒坚持比利时必须包括在进攻区内，这不仅是为了取得回旋余地，能从翼侧包围法国马其诺防线，而且也是为了防止这一危险：英法两军进入比利时，并在靠近鲁尔区的边境摆开阵势，"从而使战争迫近我们军火工业的心脏地区"。（法国档案道出，这正是法国总司令甘末林的主张。）

希特勒透露的这番用心，对陆军总司令布劳希奇和总参谋长哈尔德如同一个晴天霹雳。他们同大多数德国高级将领一样，都不像希特勒那样相信新式武器的威力可以压倒敌方在受过军训的人力上所占的优势。按照习惯方法计算了一下师人数之后，他们争辩说，德国陆军还没有足够的力量可以击败西欧军队。他们指出，德国好不容易动员来的98个师比对方的总数少得多，其中有36个师装备很差，士兵简直没有受过训练。他们还忧虑这场战争会扩展为另一次世界大战，担心德国会因此而灭亡。

他们惶惶不安，打算用上孤注一掷的挽救办法。就像一年前慕尼黑危机发生时一样，他们开始考虑动手推翻希特勒。办法是，从前线调回一支精锐部队，向柏林进军。但是，国民军总司令弗里德里希·弗罗姆将军拒绝合作。弗罗姆争辩说，如果命令部队背叛希特勒，他们是不会服从的，因为普通士兵大都信任希特勒。

虽然战时第一次阴谋推翻希特勒的计划流产了，可是希特勒并没有如愿以偿，未能在秋季发动进攻。令人哭笑不得的是，事实证明这对他是幸事，而对世人，包括德国人民在内，则是不幸事。

暂定进攻的日期为11月12日。5日，布劳希奇又一次设法劝阻希特勒入侵法国，列举了大量理由反对入侵。但是，希特勒驳斥了他的论点并严责了他，同时坚持在12日开始进攻。7日，气象学家预报天气恶劣，命令就此取消。进攻日子推迟三天，后来又一再延期。

虽然恶劣天气的来临是推迟进攻的一个明显理由，不过，令希特勒恼火的是，他不得不勉强承认这是唯一原因，而又绝不相信这是唯一原因。11月23日他召集所有高级司令官举行一次会议。在会上，他竭力设法消除他们对进攻是否必要的怀疑，他对日益逼近的俄国威胁表示不安，同时着重指出西方同盟国不会考虑他的和平建议，而正在扩军备战。"时间正在为我们的敌人效劳"，"我们有一致命伤——鲁尔区。……如果英法越过比利时和荷兰进入鲁尔区，我们就要处于无比危险的境地"。

希特勒接着斥责他们胆小怕事，还告诉他们，他怀疑他们企图破坏他的计划。他指出，他采取的每一步骤，他们都反对；由于每一次都取得成功，就足以证明他做得正确；他现在希望他们无条件遵从他的主张。

然而，比起将领来，天气不愧为更加有力的破坏因素，因此在12月上半月战争又一而再、再而三地延期。于是希特勒决定等到新年再说，并准许圣诞节放假。刚过圣诞节，天气又转坏，但在1月10日这天，希特勒正式决定将17日定为进攻之日。

第一篇 蓄谋已久的侵略

不过,就在他做出决定的那一天,却发生了大出意外的"干扰"。不少文章都提到过这事的经过,德国空降部队总司令施图登特将军是如此叙述的:

> 1月10日,我指派一位少校作为第二航空队的联络官从明斯特飞往波恩,去与空军讨论这个计划的若干并不重要的细节。当时,他随身带着进攻西欧的全面作战计划。
>
> 由于天气严寒,又有大风,他在飞越冰冻雪封的莱茵河时迷失方向,飞到了比利时,只得被迫降落。他无法把这一重要文件全部焚毁。文件的重要部分,也就是德国进攻西欧计划大纲,落到了比利时手里。德国驻海牙的空军武官报告说,当晚,比利时国王同荷兰女王通电话,作了一次长谈。

不用说,德国当时并不确知文件的下落,一时人心惶惶,但是在这次危机中,希特勒和其他人不同,头脑始终冷静。

看看德国领导层对这件事的反应,也不无兴趣。戈林暴跳如雷;希特勒很冷静,很沉着。……开始,他想立即出击,但是幸而克制住了,并且决定全盘放弃原来的作战计划,代之以"曼施坦因计划"。

事实证明,这对同盟国是非常不幸的,尽管为此又宽限了四个月的准备时间——因为德国计划已全部推倒重来,当时进攻已无限期推延。等到5月10日,德国一发动进攻,同盟国就完全惊慌失措,法军也就迅速瓦解,英军好不容易才从敦刻尔克渡海逃脱。

在哈尔德领导下的总参谋部所拟具的老计划,正像1914年一样,预定在比利时中部发动主攻。规定由包克指挥的B集团军群担任,而由伦斯德指挥的A集团军群在左翼穿过阿登山脉的山林地带担任助攻。在这一山林地带并不指望有重大战果,所有装甲师全部拨给了包克,因为总参谋部认为阿登山脉这样的地区太崎岖,不适宜坦克大规模进攻。

伦斯德集团军群的参谋长是埃里希·曼施坦因。他的同僚都认为，他是年轻一辈将领中最有才能的战略家。曼施坦因认为，老计划为1914年"施利芬计划"的翻版这点是一目了然的，因此，同盟国最高统帅部准备对付的正是这种打击。曼施坦因分析说，该计划另一个缺点是会碰上英国军队，比起法国军队来，英国军队可能是更难对付的对手。再则，这也不会带来决定性的结果，用他自己的话来说就是：

> 我们也许能够在比利时打败同盟军，我们能够攻克英吉利海峡沿岸。但是，我们的攻势可能会在松姆河受阻。这样就会出现1914年那样的形势……不会有媾和的机会。

曼施坦因在考虑这一问题时，早已想出一个大胆方案，那就是把主攻方向转到阿登山脉，他认为这将是最出人意料的战线。但是，他心里还有个大问题，他曾在1939年11月向古德里安请教过。

以下是古德里安的叙述：

> 曼施坦因问我，坦克进军是否可能朝色当方向穿过阿登山脉。他说他的计划是在色当附近突破马其诺防线的延伸部分，以避免老式的"施利芬计划"——那计划，敌人是熟悉的，可能又一次不出他们所料。我在第一次世界大战中熟悉这一地区的地形，经过研究地图后，肯定了他的看法。曼施坦因随后说服了伦斯德将军，并向以布劳希奇和哈尔德为首的陆军最高统帅部递送了一份备忘录。陆军最高司令部曾拒绝采纳曼施坦因的主张，但是，他终于将他的主张上达希特勒。

瓦利蒙特在12月中旬同曼施坦因谈话之后，便把曼施坦因的主张告之希特勒。但只是到1月10日发生空中事故之后，希特勒想找一个新计划，这才想起了曼施坦因的建议，才开始考虑这个建议的可行性。尽管如此，还是在过一个月后，他才赞成这个建议。

第一篇 蓄谋已久的侵略

希特勒一旦转而支持一项新的重要主张，就很快认为那是他自己想出来的主意。他给曼施坦因记的一功，只是说曼施坦因同意他的意见："凡是听我谈过西欧新计划的将领中，只有曼施坦因是理解我的。"

如果我们分析一下5月间发动进攻时的形势，那么就可以清楚看出，照老计划进行，十之八九不会导致法国沦亡。事实上，这最多也不过是把同盟军赶回到法国边境而已。原因是，德军进攻的主力会迎头遇上实力最强、装备最好的英法部队，而且必须在一片河流、运河和大城镇等障碍丛生的土地上杀出一条路来。阿登山脉看来或许更加艰险，但是，如果德军能够趁法国最高统帅部还没有发觉到危险，就越过比利时南部这一山林地带，那么法国绵延起伏的平原——大规模坦克进攻的理想场地，就任由他们驰骋了。

11月中旬，同盟国最高会议批准了甘末林的"D"字计划，这是早先一个计划的补充（英国参谋部一开头是有异议的）。按照"D"字计划，希特勒一发动进攻，同盟军兵力雄厚的左翼就要立即开进比利时，并尽可能向东推进。这样做，恰恰对希特勒有利，因为同他的新计划完全吻合。同盟军的左翼越是深入比利时中部，希特勒的坦克就越是容易开过阿登山脉，迂回到敌后，切断同盟军后路。

这一结局之所以格外避免不了，是因为同盟军最高统帅部把机动部队大都用来向比利时推进，只留下少量二流师面对"不可逾越的阿登山脉"的各出口处，防守前进道路上的要地。尤其糟糕的是，在马其诺防线末端与英国防线间的缺口处，这些师必须固守的防御工事特别薄弱。

丘吉尔在回忆录中提到，在秋季时英国方面对这个缺口感到担心，并说："陆军大臣霍尔在战时内阁中几次提出这一点。……但是，内阁和我们的将领自然不敢批评手下的军队比我们强大十倍的那些人。"1月初，霍尔的批评引起了风潮，他只得离职，此后，坚持这一论点的人更少了。无论英国和法国，还逐渐产生一种盲目自信的危险。丘吉尔在1月27日的一次演说中声称"希特勒已经失去最好时机"，这一令人宽慰的论断成为第二天报上的头条新闻。正是在这时候，新计划在希特勒的心里趋于成熟。

四、侵吞挪威

波兰征服后的六个月里虚假平静，突然以一声霹雳而告终。这声霹雳不是出现在云雨密集的中心，而是在斯堪的纳维亚的边缘。挪威和丹麦的和平国土受到希特勒的闪电式袭击。

4月9日报上转载了这则消息：头一天英法海军进入挪威水域，并在那里设置了一个个布雷区——以阻止同德国通商的船只进入。报上除了对这一先发制人的行动发表贺词加以评论外，还为破坏挪威中立进行了辩解。但是，那天早晨的无线电台广播，却使报上的新闻成了旧闻——因为广播里传来更为惊人的消息：德军正在挪威沿海一系列地点登陆，而且还开进了丹麦。

德国无视英国海军优势，如此大胆行动，慌得同盟国首脑不知所措。当天下午，英国首相张伯伦在下院报告时说：德军非但在挪威南岸登陆，也在西岸的卑尔根和特隆赫姆登陆。他还补充道："有些报告说德军还在纳尔维克登陆，但我十分怀疑这些报告是否属实。"在英国当局看来，希特勒竟敢在不远千里的北方登陆，简直难以置信，尤其是他们知道英军在那一带有力量强大的海军部队。

然而，在这天结束之前，情况已经很清楚：德军已占领挪威首都奥斯陆和所有主要港口，包括纳尔维克在内。几路并进的海上袭击无一不获得成功。

英国政府在这方面的幻想迅速破灭，接着又产生了新的幻想。两天后，当时的海军大臣丘吉尔对下院说：

第一篇 蓄谋已久的侵略

> 我的老练顾问都同我看法一致,我们全都认为希特勒先生犯了一大战略错误……斯堪的纳维亚发生的事情,使我们受益匪浅。……他在挪威沿海背上了一大堆包袱,因此,在整个夏季,如果必要的话,他就不得不同列强作战,而列强拥有异常优越的海军部队,而且运送这些兵力到战场也比他容易,我看不出他占到了什么便宜……我认为,我们的死敌在一急之下,铸成了战略错误……使得我们大讨便宜。

这番话说得倒漂亮,可是,行动却没有跟上去。英国的反击又缓慢又犹豫又拙劣。海军部尽管在战前轻视空军,但一到作战时,却变得异常小心,就是在他们的干预可起决定作用的地方也畏缩不前,绝不敢冒丢失船只的风险。军队调动更是迟缓。部队为了驱逐德国入侵军而在好几个地方登陆,但不出两个星期就全部重新上船,只留下纳尔维克一个据点——过了一个月,德国在西欧大举进攻以后,这个据点还是放弃了。

丘吉尔建立的空中楼阁倒塌了。这些空中楼阁之所以建立,是因为基本上没有看准形势,没有看准现代战争的一切变化——特别是空军对海军的影响。

丘吉尔的最后一句话比较真实,也比较重要,因为他把挪威描绘成希特勒的陷阱之后,说德国入侵是希特勒"在一急之下"而采取的步骤。大战后,对这次战役最惊人的发现是这一事实:希特勒尽管肆无忌惮,也宁愿挪威保持中立;要不是后来有显著迹象表明同盟军正策划在那一地区采取敌对行动,他情急之下,才入侵挪威,本来他是并不打算入侵的。

在德国方面,根据缴获的档案记录,第一件有意义的事是发生在1939年10月初。当时,海军总司令雷德尔海军上将表示担心,挪威可能向英国开放港口,并向希特勒报告,英国占领挪威,可能带来战略上的不利后果。他还提出,"借助俄国的压力,在挪威沿海取得基地,例如特隆赫姆",这对德国的潜艇战可能有利。

但是,希特勒将此建议束之高阁。他正一心计划在西欧发动一场攻势,以迫使法国求和,他也不愿被拖进任何节外生枝的军事行动中,以免分散人力物力。

俄国在11月底入侵芬兰,这对双方都是一种强烈得多的新刺激。丘吉尔认为有了新的机会,可借援助芬兰为名,来打击德国的翼侧:"我当时欢迎这股有利的新动向,可借以实现我们的主要战略手段,来切断德国的铁矿石供应命脉。"

丘吉尔在12月16日备忘录中,为这一步骤摆出全部论据,称之为"一大攻势"。他承认,这一来就有可能迫使德国侵犯斯堪的纳维亚,因为正如他所说,"向敌人开火,敌人就会回击"。但是,他继续说:"德国进攻挪威和瑞典,对我们是利多害少。"(他绝不考虑,斯堪的纳维亚各民族因其国土为之变成战场而将遭受何等深重的苦难。)

然而,多数阁员对侵犯挪威中立一事仍感内疚。尽管丘吉尔强烈要求,他们还是拒绝立即执行他的方案。但是,他们授权参谋长委员会"策划派遣部队在纳尔维克登陆"。纳尔维克是铁路起点,可直通瑞典耶利瓦勒铁矿,并由此深入芬兰。这次出兵,虽则表面目的是援助芬兰,但内在的主要目的却是要控制瑞典铁矿。

同月,一位要人从挪威来到柏林访问。此人名维德孔·吉斯林,是一个十足亲德的纳粹式小党的头子。他一到便会见雷德尔将军,晓之以英国即将占领挪威的危险。他要求对他的计划给予经济援助和秘密支持,以便组织一次政变,颠覆挪威现政府。他说,有若干重要的挪威军官准备支持他,扬言其中包括纳尔维克司令森德洛上校。他一旦夺得政权,便将邀请德军来保护挪威,从而堵住英国的进入。

雷德尔劝说希特勒亲自接见吉斯林。两人在12月16日和18日会面。他们的谈话记录载明,希特勒说,"他宁可挪威完全保持中立,斯堪的纳维亚其他地区也是如此",因为他不愿"扩大战场"。但是,"如果敌人准备扩大战争,他就要采取自卫行动,以对付这一威胁"。同时,他答应给吉斯林一笔津贴,并向吉斯林保证给予一定军事援助。

即便如此,德国海军参谋部的战事日志还是表明,过了一个月，在 1940 年 1 月 13 日，他们仍然认为"保持挪威中立是上策"，不过他们已经开始担心"英国打算在挪威政府的默契下占领挪威"。

山那边发生了什么事呢？1 月 15 日，法国总司令甘末林将军向达拉第总理上书，谈及在斯堪的纳维亚开辟新战场至关重要。他还提出一项计划，决定派遣同盟军在芬兰以北的贝萨谋登陆，并为防万一而"占领挪威西岸的各港口和各机场"。这项计划还进一步设想，他们有可能"进军瑞典，并占领耶利瓦勒铁矿"。

丘吉尔在一次广播讲话中，对所有中立国说明他们有义务一起打希特勒，这当然引起德国的担心。

27 日，希特勒明确指示军事顾问，为必要时入侵挪威准备一项全面计划。为此而成立的专门参谋部，于 2 月 5 日举行了第一次会议。

那天，同盟国最高军事会议在巴黎召会，张伯伦带了丘吉尔一同前往。会上批准了这样几项计划：动用两个英国师和一个较小的法国分遣队组成两支"援芬"军——要他们"伪装成志愿军"，以图减少同俄国公开作战的机会。但在派遣这支部队的路线问题上发生了争执。英国首相强调，在贝萨谋登陆如何困难，在纳尔维克登陆——特别是为了"控制耶利瓦勒矿区"，又是如何有利。英国的提法获胜，这支部队也安排好在 3 月初起航。

2 月 16 日发生了一场灾祸。从南大西洋载回英国战俘的一条德国船"阿尔特马克"号，受到英国驱逐舰追逐，逃入一个挪威峡湾避难。丘吉尔向英国军舰"哥萨克"号舰长维安海军上校直接下令，命他驶入挪威水域，登上"阿尔特马克"号，救回战俘。当时有两条挪威炮艇在场，但都吓得不敢动弹；事后挪威政府为侵犯其水域向英国提出抗议，可是这一抗议却遭到德国不满。

希特勒认为，这个抗议无非是为了欺骗他而故作姿态，他深信挪威政府甘当英国帮凶。由于那两艘炮艇不予抵抗，再则吉斯林报告说"哥萨克"号的行动是"事先拟订"的计划，希特勒就更加深信不疑了。据德国海军将领说，正是由于"阿尔特马克"号事件，希特勒才转而赞成侵犯挪威，这是点燃炸药引线的星星之火。

希特勒认为他不能等待吉斯林的一套计划落实，特别是因为在挪威的德国观察员都报告说，吉斯林的党很少开展活动，而从英国来的报告却表明，同盟国拟在挪威地区采取某种行动，包括集结部队和运输船。

20日，希特勒召见法尔肯霍斯特将军，委派他指挥并配备一支远征军进攻挪威。他说："据报告说，英国打算在那里登陆，我要赶在他们前面到达。英国占领挪威会成为一个战略上的转折点，他们会乘机进入波罗的海，而我们在那里既无军队，又无沿海防御工事……敌人会向柏林进军，打断我们两条战线的脊梁骨。"

3月1日，希特勒发出指示，命令作好入侵的全面准备。丹麦也要占领，作为必要的战略跳板和运输线的保障。

但即使在当时，这也不是出兵的断然决定。雷德尔同希特勒的历次会晤记录表明，当时希特勒仍然摇摆不定：他一面确信，对于德国来说，"维持挪威中立是上策"，一面又担心，英国即将在那里登陆。在3月9日提出海军作战计划时，他一边细述进行一场"违反一切海战原则"的军事行动势必招致种种危险，一边又说这是"当务之急"。

在其后一个星期里，德国方面更是急得像热锅上的蚂蚁。13日，据报告说，英国潜艇在挪威南海岸外集结；14日，德国截获一份命令同盟国运输船准备出发的无线电报；15日，不少法国军官到达卑尔根，德国认为自己肯定要落在后面，因为远征军还没有准备就绪。

同盟国方面的实际情况如何呢？2月21日，达拉第主张说：应借口"阿尔特马克"号事件，以"突袭"方式"立即夺取"挪威港口。达拉第说，这个作战计划执行得越快，我们越能利用最近挪威牵连进"阿尔特马克"号这一记忆犹新的事件大肆宣传，在世界舆论看来，这次行动就越容易成为理所当然的事。这一说法同希特勒的口吻异常相似。伦敦对于法国政府的建议是有所怀疑的，因为一则远征军还没有准备就绪，再则张伯伦仍然希望挪威和瑞典两国政府同意同盟军开入。

然而，在3月8日的战时内阁会议上，丘吉尔摊出一个计划：

大军直抵纳尔维克沿海，并立即派出一支分遣队登陆——其原则是"显示兵力，以免使用兵力"。在 12 日的另一次会议上，内阁"决定重新采用原来计划"：不仅在纳尔维克上岸，而且也在特隆赫姆、斯塔万格和卑尔根三地分别登陆。在纳尔维克登陆的部队要迅速向内地推进，越过瑞典国境，开到耶利瓦勒铁矿。必须万事齐备，以便在 3 月 20 日将计划付诸实施。

可是，3 月 13 日，芬兰全线崩溃，向俄国投降打乱了这套计划——同盟国就此失去开进挪威的主要借口。这盆冷水一泼下，首先就是逼迫同盟军将原来派去远征挪威的两个师送往法国。另一个余波是达拉第倒台，由保罗·雷诺接替法国总理——他是在要求采取更加咄咄逼人的政策和更加迅速行动的高潮中上台的。3 月 28 日，雷诺到伦敦参加由同盟国最高军事会议召开的会议，他决心催促同盟国立即将丘吉尔主张已久的挪威计划付诸实施。

不过，这样的催促，现在丝毫也不需要了，因为，正如丘吉尔所述，张伯伦已经"大有意思在这阶段采取某种侵略性行动"。一如 1939 年春季，他一下决心，便全力以赴。张伯伦在最高军事会议致辞时，不但力争在挪威采取行动，而且还主张采纳丘吉尔喜爱的另一个计划——向莱茵河和其他德国河流连续空投水雷。

最后决定，要在 4 月 5 日实现挪威水域的布雷行动，并以部队在纳尔维克、特隆赫姆、卑尔根和斯塔万格登陆作为后盾。第一支分遣队要在 4 月 8 日驶向纳尔维克，但后来又推迟了。法国军事委员会不同意在莱茵河空投水雷，唯恐引起"将落到法国头上"的德国报复。至于因为另一作战方案而"将落到挪威头上"的报复，他们并不如此关心——甘末林甚至强调，这项作战方案的目的之一，正是要"刺激敌人在挪威登陆，掉入陷阱"。但是，张伯伦却希望两项作战方案都要付诸实施，并同丘吉尔商定，由丘吉尔于 4 日去巴黎，再次尽力说服法国采纳他的莱茵河计划，但是没有成功。

挪威作战方案推迟了三天，直到 8 日才付诸实施。这再一次延期，导致这项作战方案的成功希望化成泡影。德国这才能比同盟国刚好早一步进入挪威。

4月1日，希特勒终于拿定主意，并下令9日晨5时15分开始入侵挪威和丹麦。在做出决定之前，他得到一个令人不安的报告，说已获准，不必等待上级命令，挪威高射炮和沿海炮台就可以开火——言外之意，挪威军已在准备行动；希特勒如果再等下去，就没有机会发动突然袭击，更没有机会取得成功。

4月9日，在天色未明前，德军先遣部队大半乘着军舰，来到挪威各主要港口，南起奥斯陆，北至纳尔维克——而且不费吹灰之力就一一占领了。德军司令官向各地方当局宣布，德国是来保护挪威以对付迫在眉睫的同盟国入侵的。对此声明，同盟国发言人立即予以否认，并连续不断否认。

正如当时战时内阁阁员汉基勋爵所述：

> ……从开始部署到德国入侵为止，英德两国在规划和准备的时间先后方面相差无几。实际上英国部署得略早一点。……双方的计划几乎是同时付诸实施的，如果所谓侵略行动这词对双方确实都适用的话，英国是先发动了24小时。

但是，德国的最后冲刺比较迅速有力，仅仅以毫厘之差取胜——几乎只是"险胜"而已。

纽伦堡审判最成问题的一点，是将侵略挪威的部署和行动列为德国的主要罪状之一。英法两国政府竟然有脸批准列入这条罪状，或者说，检察官竟能据此坚决要求定罪，其中道理实在难以理解。

五、侵吞西欧

1940年5月10日，希特勒的部队突破西欧的防线，这就改变了世界局势，并对全世界民族的前途产生了深远影响。这出震撼世界的决定性一幕，是以13日古德里安的装甲军在色当跨过马斯河开始的。

第一篇 蓄谋已久的侵略

也是在 5 月 10 日，精力充沛的丘吉尔接替张伯伦就任英国首相。

色当那条狭小裂缝很快扩展成为一道巨大缺口。德国坦克冲了进来，不出一周，就到达英吉利海峡沿岸，从而切断了驻比利时的同盟军退路。这场灾难导致法国的沦亡和英国的孤立。英国虽有大西洋为屏障，可勉强支撑下来，但只有等到一场持久战变成一次世界大搏斗之后，才算得救。最后，希特勒不堪美俄两国的重压，终于垮台。

在这场浩劫之后，一般的看法是，法国战线的击溃是不可避免的；希特勒的进攻是无法抵抗的。可是，表面现象和真实情况大不一样——时至今日，这点已经一清二楚了。

德国陆军将领对于这次进攻能否取胜简直是毫无信心，当初他们是在希特勒坚持下才无可奈何发动进攻的。希特勒本人在关键时刻也曾突然丧失信心，正当他的先头部队插入法国防线，打开一道缺口时，他曾下令停止前进两天。如果法国能利用这一喘息时机反攻，可能使希特勒的胜利化为泡影。

可是，最奇怪的是，率领这支先头部队的人——古德里安，一时间竟从指挥岗位上撤换下来，原因是他的上级急欲刹住他乘机扩大成果的步伐。其实，要不是他"违令"飞快推进，那么这次入侵就可能失败——而整个世界局势也会同当前不一样。

希特勒的军队根本没有所谓占压倒性优势的声誉，数量上比对手的军队要少得多。虽然他的坦克进攻确实起了决定性作用，但是他拥有的坦克数量比对手少，威力也差，只有在空军这一最重要的因素方面才占优势。

再者，在大部队投入战斗之前，他的一小部分兵力事实上已经解决了许多问题。当时他调集的兵力约计 135 个师，而解决问题的一部分兵力只包括十个装甲师、一个伞兵师和一个空运师——空军除外。

这些先头部队所造成的炫目效果，不仅使人看不清德军兵力的多少，也看不清德军只是险胜而已。如果不是同盟军犯下大错——多半是因为过时的军事思想占优势而犯下错误，给德军提供了机会，德军本来是难以取胜的。

荷兰首都海牙和交通运输中心鹿特丹，在5月10日凌晨遭到空降部队袭击，与此同时，荷兰东面一百英里的边境防线也受到攻击。荷兰前后方受到这双重打击，引起了慌乱。德国装甲部队趁乱飞越南翼的一个缺口，第三天，在鹿特丹同空降部队会师。他们在刚刚赶来援助荷兰的法国第七集团军眼皮底下穿过，朝着目标挺进。第五天，荷兰投降。

这里的德军比对方兵力要少很多。此外，进行决定性插入的只有一个装甲师，即第九师——只有这一师能调得出来进攻荷兰前线。在其进军的路上横着一条条不难防守的运河和宽阔河流，这一师之所以有机会成功，全靠空降部队的突击。

但是，这个新兵种也很少。1940年5月，德国只有4500名受过训练的伞兵。在这少得可怜的总人数中，却有4000名用来进攻荷兰。他们组成四个营，并由运输机运来一个为数1.2万人的轻装步兵师作后备。

空降部队总司令施图登特的话，恰到好处地概括了这一作战计划的要点：

> 我们兵力有限，因而只得倾全力进攻两个目标——入侵如要成功，看来这两据点是必争之地。在我亲自支配下，主要是攻占鹿特丹、多尔德雷赫特和莫尔狄克三地的桥梁；从南面来的主要公路就是通过这些桥梁横越莱茵河各河口的。我们的任务是抢在荷兰炸毁桥梁前就占领各桥，并在我们的地面机动部队到达之前保持桥梁畅通。我的部队计四个伞兵营和一个空运团（计三个营）。我们获得全胜，只付出180名伤亡的代价。我们不敢失败，因为如果失败，整个入侵都要失败。

荷兰首都海牙是德军主攻的地点，目的是要把政府和各部门的首脑就地俘虏，瓦解整个管理机器。用于海牙的兵力是由格拉夫·斯波纳克将军指挥的一个伞兵营和两个空运团。这次进攻虽遭击退，但引起大乱。

第一篇 蓄谋已久的侵略

德国在比利时投入的空降部队规模非常有限,这与当时的报道绝不相同。据报道说,德国伞兵在几十处地方降落,累计人数达数千之多。施图登特为此作了番说明——当时为了弥补实际兵源的不足,也为了尽量制造混乱,他在比利时各地撒下了模拟伞兵。施出这一诡计确实非常奏效,再加上人们胡思乱想,必然要将所有数字大加特加了。

以下是施图登特的叙述:

艾伯特运河的冒险行动,也是希特勒本人的主意。这或许是这个妙计多端的人最为独特的创见。他把我找去,向我征求意见。我考虑一天,肯定此举可行,他就命令我作好准备。我用了科赫上尉指挥的500名士兵。第十集团军司令赖歇瑙将军和参谋长保卢斯将军都是有才干的将领,但他们认为这么做是冒险,他们对此没有信心。

偷袭埃本要塞的,是维切格中尉指挥的一支78名伞降工程兵组成的小小分遣队,其中只有六人阵亡。这支小分遣队完全出其不意降落在要塞顶上,打败了那里的高射炮人员,并用以前保密的一种新型烈性炸药炸掉了所有大炮的装甲炮塔和掩体。……之所以能偷袭该要塞,全靠使用这种新式武器,这是由另一种新式武器——运货滑翔机悄悄运送到目的地的。

这座要塞经过精心设计,足以抵御各种威胁,除非敌军有可能降落在要塞顶上。从要塞的屋顶上,维切格的一些"天兵""管住"了1200名守军,直至24小时后德国地面部队开到。

两座要害桥梁上的比利时守卫,也都冷不防被俘。在一座桥上,其实已经点燃了炸桥的导火线——但是,德国一架滑翔机的全体人员紧跟在比利时哨兵后面进入地堡,在千钧一发之际把导火线灭掉。

值得注意的是,在整个入侵战线上,所有桥梁都被守军按计划炸掉,只有派入空降进攻军的地方除外。由此可见,德方的成败只有一步之差——因为入侵能否得胜取决于时间因素。

到第二天早晨，已有不少德国部队越过运河，攻破运河后面的比利时薄弱防线。接着，赫普纳的两个装甲师（第三师和第四师）开过那些未遭破坏的桥梁，在对岸平原上四下散开。他们长驱直入，势如破竹，比军就此开始总退却——这时正好法英两军赶来支援他们。

对比利时的这一突破，并不是入侵西欧的决定性一击，但对结局起了重要影响，不但把同盟国的注意力引错方向，而且还把同盟国最机动的部队引来投入那里的战斗，因此这些机动师就无法抽出来，向南调往尚未完工的马其诺防线西端那边——法国边境线上最薄弱的部分。

这时，伦斯德集团军群的机械化先头部队，正开过卢森堡和比利时，向法国挺进。他们越过70英里长的一段阿登山脉，跨越法国边境，在发动进攻后的第四天清晨到达马斯河边。

派遣成批坦克和汽车越过如此崎岖地区，真是大胆冒险。多少年来，传统战略家都认为，要大举进攻，这片地区是"无法逾越"的，更不要说用坦克作战了。但是，这样却增加了攻其不备的机会，而一片片密林也有助于掩护进军和隐蔽进攻兵力。

对于希特勒的成功，"贡献"最大的，倒是法国最高统帅部。阿登山脉一役之所以击溃法军，应大大归功于法国计划的安排——就德国来看，这同他们自己改过的计划完全吻合。照一般人想象，法国一败涂地，都是因为当初采取了守势，或者说，是败于"对马其诺防线有恃无恐的心理"，其实并非如此，他们是败于他们计划中所规定的采取攻势一面。他们从左侧推进到比利时，这反而为敌人助了一臂之力，从而自投罗网——正像1914年第十七号计划几乎害得他们一败涂地一样。这次之所以更加危险，是因为对手更加机动化，使用车辆调遣部队，而不是徒步行军。惩罚之所以更加沉重，是因为三个法国集团军和英军组成的这次左侧推进，包括整个同盟军中拥有最现代化装备的最机动化部队，这些军队一冲入比利时，每前进一步，殿后部队便进一步暴露在伦斯德的部队面前，当时他们正穿越阿登山脉，在作侧翼强攻。更糟的是，同盟军进攻枢纽点的守卫是几个劣等法国师，师里都是些老兵，反坦克炮和高

第一篇 蓄谋已久的侵略

射炮这两样不可或缺的武器只配备了一点点。听任枢纽点防御得这样不济,是甘末林和乔治所领导的法国最高统帅部犯下的最大错误。

德军穿越阿登山脉进攻是一巧着,也是参谋工作的一项非凡绝技。5月10日拂晓之前,德军集结了战争中所有的坦克,密聚在卢森堡边境对面。这些坦克由三个装甲军组成,排列成三块或三层,头两层是装甲师,第三层是摩托化步兵师。前锋由古德里安将军充任,全军由克莱斯特将军指挥。

在克莱斯特装甲兵团的右面是另一个装甲军,即霍特指挥的第十五军,他们奉命冲过阿登山脉的北部,到达纪韦和迪囊之间的马斯河。

不过,这七个装甲师只是大军的一小部分,大军正沿着德国边境集合,准备插入阿登山脉。约有50个师密集在一条狭窄而纵深的战线上。

能否成功,基本上要看德国装甲部队能否迅速越过阿登山脉,渡过马斯河。只有越过那条河流屏障,坦克才有迂回的余地。他们必须在法国最高统帅部觉察到发生情况并集合后备力量来阻挡他们之前渡河。

德军抢了先,虽然只是领先几步而已。如果法国防御部队能够按照原定计划即坚壁清野所形成的局部阻力,那么结果也许会有所不同。可惜的是坚壁清野之后,法军竟没有适当的部队防守。当时法国蠢得竟依靠骑兵师来拖住入侵军。

克莱斯特看到进攻如此顺利,在12日早已赞同古德里安的意见——不等步兵到达就渡过马斯河。但他还是作了安排,集结了大量空军,包括12个俯冲轰炸机中队来协助强渡。13日午后,空军出场了,像下冰雹般连续投弹,迫使多数法国炮手在防空洞里躲到日暮。

古德里安集中攻打紧靠色当以西一英里半长的一段河流。这个选定地段是强渡的理想场所。河流在此陡然北折,后又南转,形成一个袋形突角。北岸的周围高地长满树木,这样就用来掩蔽进攻的准备活动和炮位,也是良好的炮兵观察地。

下午 4 时发动进攻，由乘橡皮艇和木筏的装甲步兵打头阵。守军很快败退，德军不久就驾起渡船，把轻便车辆送过河。进攻军步步进逼，抢占马尔费森林和南岸高地。到半夜时，楔子已深入近五英里，在格莱雷（色当和圣芒热之间）也已架好桥梁，坦克源源不断开过桥去。

到晚上，古德里安的三个装甲师已全部过河。打退法军发动的一场为时已晚的反攻之后，突然折而向西。到第二天傍晚，已突破最后一道防线，这样，通向西面的道路也即通向英吉利海峡沿岸的道路，就畅通无阻了。

但是，这一夜是古德里安难熬的一夜——虽然并非由于敌人的缘故：

> 装甲兵团司令部下令停止前进，不准部队离开已占领的桥头堡。这道命令，我既不愿接受，也不能甘心接受，因为这无异于是放弃奇袭，丧失一切初步战绩。

古德里安在电话里同克莱斯特激烈争辩了一番后，克莱斯特才同意"准许再继续进军二十四小时——以扩大桥头堡"。

古德里安大加利用许可指示，对装甲师也不加约束，听其自便。古德里安的三个西进装甲师，与来自蒙丹梅渡口的赖因哈特两个师和来自迪囊附近各渡口的霍特两个师胜利会师。法军的抵抗就此全面崩溃，德军如入无人之境。

到 16 日晚，德军又朝西，向英吉利海峡前进 50 多英里，到达瓦兹河。但是，又一次刹了车，这并非由于敌人的缘故，而是来自上面的命令。

德国方面的高级司令官都想不到马斯河竟然如此轻易取得，也简直不信自己运气竟然如此之好，他们仍然认为他们的侧翼会遭到法军猛烈反击。希特勒也有这种担心，因此，他禁止进军——暂停两天，以便步兵赶上前来，沿着埃纳河形成一条侧面屏障。

由于德军在前几个阶段争取到不少时间，在瓦兹河的停顿对德国的胜利前景并没产生什么严重影响。虽然如此，还是暴露了德方

第一篇 蓄谋已久的侵略

在时间观念上的重大分歧。在这上面，新旧两派之间的分歧超过德法两军之间的分歧。

甘末林在战争结束时撰文提到德军横渡马斯河的战略扩张战果道：

> 这真是一奇着。但是否完全出于先见之明呢？我不相信——一如不信拿破仑策划的耶拿一战或者毛奇策划的色当一战（1870年）是出于先见之明一样。这纯然是随机应变。这表明部队和善于调遣部队的指挥编制得当，可以在坦克、飞机和无线电作用许可的范围内快速行动。这是不必动用大量兵力而取得胜利的一仗，后来就成为决定胜负的一仗，这样的一仗也许是破天荒的。

根据当时在前线指挥的总司令乔治将军所说，照当时估计，在比利时、卢森堡所策划设置的障碍，可能使德军"至少拖延四天"才能到达马斯河。参谋长杜芒克将军说道：

> 按照我们自己的作战程序来看待敌人，我们曾经设想他们在没有运到足够的大炮之前是不会试渡马斯河的：这样他们就需要等上五六天，而我们则不难有从容时间来加强我们的部署。

奇怪的是，法国的这些推测同"山那边"高级当局的推测竟如此一致，可见法国将领对德国攻势的基本设想是有道理的。但是，他们却没有把古德里安这一个人因素估计在内。当初古德里安采用了以装甲部队单独深入为战略渗透的打法，他深信这一打法切实可行，他因而一时冲动，不服上级命令，凡此种种都使法国最高统帅部失算了，失算之大，绝不是德国最高统帅部所能自动做到的。古德里安和他的坦克兵显然是拖着德国陆军前进，从而创造了现代史上空前的大胜利。

一个阶段接着一个阶段的战局，都取决于时间因素。法军反攻之所以屡屡失灵，一则是因为他们把时间估计得太慢，赶不上情况的变化，二则是因为德军先头部队行动之快总是超出法国最高统帅部的预计。

法国认为德军攻打马斯河不会早于第九天，他们据此而制订计划。在古德里安插手之前，德国首脑的脑子里原有的一张时间表也是如此。这张时间表打乱后，接下来的情况就更加糟糕。法国司令官都是受1918年慢动作战法训练出来的，他们的头脑应付不了装甲部队的速度，因而他们全都束手无策。

同盟国方面有少数人懂得，一失去时机，就会招致大祸，其中一个便是法国新总理保罗·雷诺。战前，他作为一个非专业评论家，曾敦促国人发展装甲部队。他对装甲部队的作用了解得非常清楚，在15日一早他打电话给丘吉尔说："我们已经打败了。"

丘吉尔的回答是："凭以往的所有经验来看，不久就会结束进攻。我忘不了1918年3月21日。五六天后，他们不得不停下来等待给养，这样就有了反攻的机会。这都是当时福煦元帅亲口告诉我的。"第二天，他飞到巴黎，在那里进行争辩，反对从比利时撤出同盟军。即使事实如此，甘末林撤回部队的动作还是太慢了。当时他就仿照1918年作战法，拟订了一个使用大量步兵师发动反攻的周密计划。

同一天，雷诺动手撤换甘末林——从叙利亚调回福煦的老助手魏刚。魏刚直到19日才到达，这样，最高统帅部就有三天时间处于暂停状态。20日，古德里安切断同盟军在比利时的交通线，抵达英吉利海峡。其实，魏刚比甘末林头脑还要陈旧，他继续照1918年的一套制订计划，所以，挽回大局的希望就消失了。

总之，同盟国首脑不是做事太慢就是做错事情，结果自然无法避免灾难的降临。

英国远征军在1940年得以逃脱，大半是由于希特勒本人干预的结果。当初德军坦克占领法国北部，切断英军同基地的联系，正要席卷敦刻尔克——可让英军逃生的最后一个港口，这时希特勒却禁止他们前进。当时，大部分英国远征军离开港口才几英里。但是，希特勒却命令坦克停了三天。

希特勒这一行动使英军保存下来，其实当时根本没有其他办法救得了英军。他让英军有机会逃走，英军才能在英国重整旗鼓，继续作战，守卫海岸，以对付入侵的威胁。因而，他导致了五年后他本人和德国的最后垮台。英国人深知这次是九死一生，但不明真正原因，反称之为"敦刻尔克奇迹"。

希特勒怎么会发出停止前进这道重要命令的，这是什么原因？德国将领至今仍然认为，从种种方面来看，这都是个谜：希特勒怎么会做出这个决定的，他的动机又是什么？即使希特勒本人作了解释，那也很难说是可靠的。身居高位的人犯了大错，事后很少说明真相，何况希特勒也不是一个最爱说真话的大人物。

在深究那次拯救英军的干预的根源前，不妨先看看英军方面发生了什么事情，并追溯一下那次大规模逃跑的经过。

16 日，总司令陆军上将戈特勋爵把英国远征军从布鲁塞尔前线的前进路上拉回一步。可是，英国远征军还没有到达斯凯尔特河边的新阵地，那一阵地就已动摇，因为古德里安把英国远征军远在南方的交通线切断了。19 日，内阁听说戈特"正在调查，如果被迫撤退的话，是否可以向敦刻尔克撤退"，但是，内阁向他发出命令，要他向南进军法国，强行通过德军在他后方布下的罗网——尽管他告诉内阁，他只有四天给养，弹药只够打一次仗。

上述指示与法国总司令甘末林在当天早晨迟迟才制订并发布的新计划正好吻合。到了傍晚，甘末林被解职，由魏刚接任；魏刚一上任，就一面研究局势，一面撤销甘末林的命令。再经过三天耽搁，他拿出一个同前任类似的计划。事实证明这无非是纸上谈兵。

与此同时，戈特虽然指责说内阁的指示不切实际，但还是在手下 13 个师中派出两个师，连同已经派往法国的唯一坦克旅，从阿腊斯向南发动进攻。这次反击在 21 日发动后，进攻的兵力就"压缩"成两个力量薄弱的坦克营，其后是两个步兵营。坦克取得一些进展，但很小，因为步兵营遭到俯冲轰炸，军心已动摇，无法提供后援。原来规定邻近的法国第一集团军以 13 个师中的两个师配合作战，可是实际贡献很小。在当时，法军一再遭遇德国俯冲轰炸机和快速运动坦克的打击，士气受挫，自顾不暇。

不过，奇怪的是，这次装甲部队的小反击，竟使某些德国高级司令官大为恐慌，他们一度考虑命令手下的坦克先头部队停止进军。伦斯德本人称此为"危急时刻"，他说："一时间我们唯恐装甲师在步兵师赶来支援之前就被切断后路。"这样的结果恰好表明，如果英军发动这一快速还击，用的是两个装甲师，而不仅仅是两个坦克营，那么就会发生截然不同的重大后果。

25日傍晚，戈特下定决心，从敦刻尔克向海上撤退。48小时之前，德国装甲部队早已到达离港口只有十英里的运河线上。26日，英国内阁准许陆军部向戈特发出电报，同意他采取这一步骤，并且"授权"他执行这一撤退任务。次日，又发电报给戈特，叫他从海上撤回部队。

同日，在包克攻打下，比利时陆军的防线中部崩裂，附近也没有剩下后备军来填补这一缺口。利奥波德国王早已通过凯斯海军上将向丘吉尔提出多次警告，说局势越来越没有希望。现在，一下子果然完了。比利时国土早已大半沦陷，军队即将背临大海，困守在一条挤满难民的狭长地带。因此，在傍晚前，国王决定求和——次日清晨，"停火"号便吹响了。

比利时一投降，英国远征军在到达敦刻尔克之前就更有被切断后路的危险。丘吉尔刚向利奥波德国王发出呼吁，请他坚持下去，但是私下他却对戈特说，这是"要他们为我们而牺牲"。事情明摆着，受到包围的比利时人早已觉察英国远征军在准备撤退，对呼吁的看法当然同丘吉尔不一样。利奥波德国王也不愿听从丘吉尔的忠告："趁早乘飞机出走。"国王认为，他"必须同军民守在一起"。他这样决定，从长远来看，也许并不明智，不过，在当时的情况下，这一抉择是光明正大的。丘吉尔后来对这点的批评简直不公平，法国总理和报纸的激烈责备更是蛮不讲理——试想比利时的垮台正是因为法国在马斯河防线的崩溃而造成的。

当时，不管法国严厉抗议和责备，英军仍一心向沿海飞奔退却，赶在德军合围前登上船。幸而一星期前英国国内已开始了准备工作——不过是根据另一设想做出准备的。20日，丘吉尔批准"调集大量小船准备开往法国沿海港口和港湾"的措施，因为他是

五、侵吞西欧

第一篇 蓄谋已久的侵略

这么想的：按照当时计划，英国远征军试图由南面进入法国，因而可能被切断后路，这些船只也许可以协助营救一些英国远征军。海军部抓紧时间进行准备。头一天，即19日，在多佛尔指挥的拉姆齐海军上将已被派任作战指挥。顷刻间，许多渡船、海军扫雷船和沿海小航船都集合起来，以完成所谓"发电机作战"计划。从哈里季直到韦默斯的海运官，都奉命将所有千吨以下的船只登记入册。

在其后几天里，情况迅速恶化，海军部不久就明白，只有敦刻尔克这一条退路了。26日下午，"发电机"开动了——在比利时求和前一天，也在内阁批准撤退之前。

最初，人们还以为只有一小部分英国远征军可以得救。海军部通知拉姆齐：要争取在两天内救回4.5万人，两天后，在敌军追击下，也许不能再撤退了。事实上，到28日晚，只有2.5万人在英国上岸。所幸事后证明宽限日期要长得多。

头五天里，由于小船数量不足，来不及把部队从海滩送往停泊在海里的船上，撤退的速度就受到了限制。虽然拉姆齐早就指出过，需要一定数量的小船，但是无法凑齐。后来海军部作了更大努力，提供小船，配备人员，海军人员得到增援，来了一大批民间志愿人员——渔民、救生船员、游艇驾驶员以及其他有过一些驾船经验的人。

最初海滩上也很混乱，因为等候上船的部队——当时大都是基地人员，处于无组织状态。拉姆齐认为，之所以更见混乱，是"因为陆军官兵军服分不清"，并发现"海军军官的出现，穿着不会被人错认的军服，有助于恢复秩序。……后来，编成战斗队形的部队到达了海滩，这种困难便消失了"。

第一次猛烈空袭发生在29日傍晚，"在这么早的日子，极其重要的敦刻尔克港水道未被沉船堵塞，全靠好运而已"。由于部队大都从港口上船，从海滩上船的不到三分之一，因此保住水道畅通就更加重要了。

在其后三天里，空袭增加了。自6月2日起，为躲空袭白天只好停止撤退。从英国南部各机场起飞的皇家空军战斗机，都力使纳粹空军留在海湾,但是,一则因为数量上差得远;再则,路途遥远,不能在那地区上空久留,所以根本无法维持充分的空中掩护。频繁的轰炸使等待在海滩上的部队极度紧张,不过松软的细沙倒使轰炸不起作用。在海上造成的物质损失则要大得多,包括六艘驱逐舰,八艘人员输送船,还有两百多艘小艇被击沉。很幸运的是,德国海军总算很少用潜艇或鱼雷快艇进行干扰。还有令人欣慰的是,天气极好,有助于撤退。

到5月30日已有12.6万名士兵撤退,所有剩下的英国远征军也都已到达敦刻尔克桥头堡——只有部分士兵在撤退时被切断后路。这时,抵挡德军从陆上包围桥头堡的防御,也随之更为牢固。德军已错过机会。

不幸的是,在比利时的法国高级司令官都仍然遵照魏刚缘木求鱼般的计划行事,犹豫不决,不向海上撤退,不同英军一道尽快撤退。这一耽误的结果是,法国第一集团军残部中有将近一半人员,于28日在里尔附近被切断后路,于31日被迫投降。不过,他们三天的英勇坚守,不但帮助残部也帮助英军脱逃了危险。

到6月2日午夜,英军后卫部队上了船,英国远征军撤退完毕,人员受伤不多,只是在开往英国的途中因船只被击沉而损失两千人左右。大约6.5万名同盟军,主要是法军,也撤了出来。第二天夜间,虽然困难越来越大,英军还是想尽一切办法来载走剩下的法军,这样就又多救出2.6万人。

到4日早晨,战斗结束时,已有33.8万名同盟军在英国上岸。同早先的预计相比,这是惊人的成果,也是海军的一次宏伟战绩。

当然,要不是希特勒在12天前,即5月24日命令克莱斯特装甲部队在敦刻尔克城外停止前进,那就不可能把英国远征军保存下来"以备来日再战"。

沿松姆河和埃纳河的法军新防线,虽比原来的防线长了,但可用来防守的部队却减少了许多。在战役的第一阶段,法军损失了30个师。之后,魏刚集合了49个师来保护新防线,留下17个师来守卫马其诺防线,其手中的机械化师大都已经损失或消耗殆尽,更缺少机动化后备军。

第一篇 蓄谋已久的侵略

反之，德军的十个装甲师因补充了新坦克而又加强了实力，130个步兵师几乎没有遭到任何损失。为发动新攻势，德兵力重新作了部署，新插进的两个集团军（第二集团军和第九集团军），都用来增强埃纳河一带地区（瓦兹河和马斯河之间）的力量。古德里安奉命指挥调往那里整装待命的两个装甲军组成了一个装甲兵团。两个装甲军留给克莱斯特，他准备分别从亚眠和佩龙讷两地的松姆河上的桥头堡冲出去，以钳形攻势向克雷附近的瓦兹河下游攻击。余下的装甲军，由霍特指挥，将在亚眠与海洋之间推进。

攻势是在6月5日发动的，最初在拉昂与海洋之间的西面地段开始。头两天法军抵抗很顽强，不过，德西端装甲军在7日冲破通向鲁昂的各条公路，于是，防线纷纷崩溃。9日，德军渡过塞纳河时，没有遇到真正抵抗。可是，他们并不打算在那里采取决定性行动，因此停止前进，这样一来，艾伦·布鲁克将军所指挥的小股英军就走了运，大部分士兵才能在法军投降时作第二次撤退。

然而，克莱斯特的钳形攻击没有按计划实现。虽然右路终于在8日突破，但是从佩龙讷出发的左路在贡比涅以北遇到抵抗而中止。于是德国最高统帅部决定抽回克莱斯特装甲兵团，调到东面去支援在香巴尼已经得手的突破点。

那里的攻势直到9日才开始，步兵大军一强渡，古德里安的坦克便以破竹之势冲破缺口，朝着马恩河畔的夏龙而来，然后掉头向东。到11日，克莱斯特扩大攻势，在提埃里堡渡过马恩河。他们继续向前飞进，越过朗格勒高原，到达贝藏松和瑞士国境——切断了马其诺防线的全部法军后路。

早在7日，魏刚就向政府建议立即求和，次日，他宣布"松姆河一战已告失败"。政府成员虽然意见不一，对是否要屈服犹豫不决，但在9日还是决定撤离巴黎。开头，一方要迁往布列塔尼，另一方要迁至波尔多，后来互相让步，搬到图尔。与此同时，雷诺向罗斯福总统呼吁求援，他宣称："我们将在巴黎市前战斗；我们将在巴黎市后战斗；我们将困守在我们的一个省里，如果被赶出的话，我们就去北非。……"

11日，丘吉尔飞往图尔给法国首脑打气，但只是白费力气。

次日，魏刚向内阁讲话，告诉他们仗已打败，并且把两次败仗都怪在英军头上，然后宣称："我不得不说清楚，停止战斗是万不得已的。"他这样估计战局，无疑是正确的，因为那时法军正处在四分五裂中，大都不打算坚守，只是纷纷向南方逃窜。那时内阁意见出现分歧，一方主张投降，另一方主张从北非继续作战，内阁最后决定政府迁往波尔多，并指示魏刚在卢瓦尔河死守。

14日，德军开进巴黎，并在两侧继续深入。16日到达罗讷河流域。同时，魏刚在主要司令官的支持下，继续催逼讲和。丘吉尔为了防止法国作此决定，并保证在非洲死守，作了最后努力，提出成立英法联邦的远大建议；建议没有起什么作用，反而引起了反感。这个建议交付表决后，法国阁员多数反对，结果就转为决定投降。雷诺辞职，于是贝当元帅组成新阁，16日晚，他向希特勒递交了求和书。

希特勒的条件于20日传至法国使节——地点在贡比涅森林中的火车车厢里，当初德国使节就是在这节车厢里签署1918年休战书的。在继续商议过程中，德军又横渡了卢瓦尔河，但在22日，德国的条件为法国所接受，6月25日凌晨1时35分休战正式生效。

六、亲法与仇英

丘吉尔对法国的感情可以追溯到他的童年时代，甚至追溯到他的保姆带着他坐在童车上在被称为"香榭丽舍"的大街上漫步的时候。丘吉尔永远不会忘记1883年夏的一天，他和父亲一起穿过协和广场时的情景。那年他9岁。但在63年之后，他还记得起当时的情景。他说："当时我是个爱观察的孩子，我发现有一幢建筑物上披着黑纱。于是我问父亲这是为什么。父亲告诉我说：'这些都是代表法国各个省的建筑物。其中有2个省阿尔萨斯和洛林，在上次战争中被德国人从法国手中夺走了。法国人为之悲痛万分，希冀有朝一日能收复国土。'我当时心想,法国人定能把它们收回来的。"

■ 二战中的丘吉尔

丘吉尔在 30 来岁时,在学习法语方面仍进步不大。他的法语说得很差,但他对法国的历史却像法国人一样熟悉。他的浪漫精神使他对法国为人类的自由做出的贡献,感到由衷的钦佩。他对法国历史上的英雄,特别是贞德和拿破仑更是敬仰之至。1907 年夏,丘吉尔作为英国的年轻部长,曾出席观看了一次法军的军事演习。丘吉尔已经观看过许多军事演习,有英国的、德国的,还有其他国家的,但最使他着迷的还是法国的军事演习。他在那次演习中,结识了好几位后来很出名的法国军官。丘吉尔后来对那次演习作了如下的描述:"此时,士兵们身穿蓝色上衣和红色军裤排着密集的队形,开始表演。当我看到法国的大部队在激烈的争战中,高唱着《马赛曲》去夺取阵地时,我深信这些赢得了人权的勇士们将来也定能为保卫人权而战。欧洲自由有了可靠的保障。"这件事,丘吉尔直到他生命结束时,也没有忘记。因此 1944 年 6 月,当他写下下面这段话时,决非出自偶然。他说:"从 1907 年起,不管风云如何变幻,我始终是法国的一位真诚朋友。"

确实,从 1911 年阿加迪尔危机后,法国在英国政府内没有比温斯顿·丘吉尔更可靠的朋友了。海军大臣丘吉尔在战争前夕就竭力主张加强英法联盟。当然,无可争辩的是,最后是大战凝成了丘吉尔对法国的永久友谊。但是法国步兵的勇敢坚毅、马恩和凡尔登战役光辉但血腥的胜利、英法在许多战场上的战斗友谊,特别是他自己在前线战斗了六个月的亲身感受,这一切都不可避免地激发了他对法国的浪漫想象。另外，在这次大战中，他还结识了好几位法国的高级人士，其中有1918年联军最高统帅福煦将军。丘吉尔后来描述这位将军道："他的仪态，他的风度，他的强劲而带有启示性的、诙谐但不敢使人发笑的手势，最后还有他在兴趣促发下的大胆想象，这一切都给了我极深刻的印象。他一旦发出了进攻命令或提出了某种见解，就决不会中途改变。……他绝不是个爱安静的人，相反，他是个容易冲动、富于情感和令人信服的，但也是个有远见卓识，尤其是不屈不挠精神的人。"

在两次世界大战期间，丘吉尔一直是法国的坚强盟友。他的主持公道的天性使他深信：这个"贫穷、被肢解和被削弱了"的法国，完全有权利获得它自己的安全，因为它已为此而牺牲了近200万儿女的生命。然而英美在凡尔赛和约后，抛弃了法国。1921年7月，丘吉尔对英帝国的首相说："显然，我们对法国负有义务，因为法国已经按照元帅们的建议，放弃了在莱茵河沿线建立坚固的战略阵地的要求。……我们曾经许诺，如果法国放弃这些战略阵地，英美在必要时就支持它。……但是必须承认，由于美国的失信，条约实际上已被废弃。法国处在了既无英美保障又失去了莱茵河战略边界的境地。对此，法国人民深感忧虑，是可以理解的。……对于任何能减缓这种忧虑的做法，我们都应该予以慎重对待。"

丘吉尔的意思是说，只有缔结一项在法国遭到入侵时由英国向法国提供予以保护的条约，才能减缓法国人的忧虑。后来，丘吉尔无论是在整个两次世界大战期间，还是在朝或在野期间，也无论是在下议院或保守党的俱乐部里，在公开演说或私人通信中，他都不知疲倦地为加强英法关系而努力。

1938年3月，当欧洲上空乌云密布时，丘吉尔更加坚定地为他的理想辩护："英法两国应该合作起来以确保它们的防卫。这是两国安全唯一的关键所在。要大声疾呼，不要搞得神秘莫测！……在现阶段，只有与法国建立防御同盟，明确规定两国应负的具体义务以及双方合作的整套办法，和平才有出路，舍此别无其他办法。"3个星期之后，丘吉尔又在《每日电视报》上写到："如果法国陷落，一切都将崩溃。那时纳粹对欧洲甚至对世界部分地区的霸权统治，将不可避免。"

1938年8月，英国政府在下院宣布：将由英法两国的参谋部拟订一项共同防御协议。1939年春，两国在几经拖延之后，终于签订了一项在海军方面进行密切合作的协定。丘吉尔感到非常满意。1939年3月24日，他在下院坦率地说："有些人认为我们给法国的援助太慷慨了。但我要说，到目前为止，法国需要我们的援助也正如我们需要法国的援助，两者是相当的。"

确实，丘吉尔对于法国军队的力量始终怀有不可动摇的信心。直到法国军队在遭到非议之后很久，他仍然坚信"法军无可争议的优越性"。因为归根到底，依他看，在上次大战中获胜的毕竟是福煦和克莱蒙梭的军队，而且这支军队现正处在他的好友、优秀将领甘末林将军的统帅之下。最后，还有一条著名的看来是不可攻破的马其诺防线作后盾。丘吉尔对法国军队的信心，通过他对法国的几次访问得到了进一步的加强。如1936年9月，他在参观了法军的几次演习后，写信给他的夫人说："我整天待在法军统帅甘末林的身边。……法国军官们的严肃性和负责精神给我留下了深刻印象。我深感：国家的力量存在于军队之中。"

到了1938年，丘吉尔仍然认为法军是"欧洲最优秀的军队"。他的朋友莫顿少校后来写到："这是他一贯的看法。我记得在战前，经当局许可后，我曾向他提供过有关法陆空军装备低劣的全部资料，并指出其必然产生的后果。但他却不愿听，我们为此常有些争论。1938—1939年冬，我根据材料和估算，向他预言法军如果遭到德军袭击，不出一个月就将全军覆没，而他却气得发狂。然而只要我说的是其他国家，哪怕材料和估算相同，他总能接受我的预言的。"

尽管丘吉尔十分注意不干涉法国人的政治生活，但有机会时他仍乐意向他们提供某些建议。如在1938年3月，他曾竭力说服弗朗丹不要让人民阵线的政府垮台。同年9月，在芒代尔和雷诺因达拉弟政府对捷克斯洛伐克危机采取的态度表示抗议而提出辞职时，丘吉尔急忙赶赴巴黎劝说他们撤回辞呈。这在法国确实引起了某些人的不快。如10月2日，在丘吉尔回到伦敦后，莫里斯·汉基在日记中写到:"温斯顿·丘吉尔对法国的闪电访问,以及他仅仅会见了法国政府中反对和平政策的芒代尔等几位成员的做法,是很不合乎礼仪的。"

丘吉尔还经常向他的法国朋友们询问一些军事问题,或向他们提供某些建议。如从1937年起,当他发现法国的军队存在某些缺陷时,他就立即开诚布公地向莱昂·勃鲁姆提出来。勃鲁姆后来回忆道:"他对我说,你对你们的空军满意吗?我回答说,还不错。他说,我觉得不是这样,你们的飞机不如德国的好,你应该仔细了解一下。"

1938年3月,他又来到巴黎,告诉莱昂·勃鲁姆说:"德军现在使用的经过改进的75毫米野战榴弹炮,在射程和火力方面均占有优势。"

在此期间,丘吉尔还常和雷诺进行交谈。雷诺向他谈到装甲师的威力问题,试图说服他。这是丘吉尔第一次听人向他提到戴高乐上校和运用装甲师作战的理论。丘吉尔后来写到:"他(雷诺)对我说,有一位叫戴高乐的上校,写了一本关于现代装甲车的进攻能力的书,受到了一些人的激烈批判。"但丘吉尔当时对装甲武器理论的发展,并未给予多大注意。他料想未来的战争仍将和上次大战十分相似。他说,别忘了,"欧战一旦爆发,阵地战仍是不可避免的"。再说,他的一些朋友如甘末林、乔治和吉罗等人,也都是对新的坦克理论并不重视而又很受丘吉尔信任的人,因此必然影响到丘吉尔对戴高乐上校理论重要性的认识,因而也没有表示要会见戴高乐的意思。

1939年春夏季,丘吉尔尽管对马其诺防线在阿登地区的脆弱性有点担心,但他对法军仍抱有充分信心。5月,他仍宣称:"法军虽不能说是当代最伟大的,但肯定是最优秀的军队。"6月,他对美国记者沃尔特·李普曼说:"德军在任何情况下,都无法突破法军防线。"直至1940年5月,丘吉尔仍对法军的优势、法军首领的指挥才能和士兵的作战能力深信不疑。

夏尔·戴高乐对英国的心情却无法与温斯顿·丘吉尔对法国的心情相比。戴高乐的父亲亨利·戴高乐就不是个亲英派。夏尔·戴

第一篇 蓄谋已久的侵略

高乐从小受他父亲的熏陶很深,影响所及使他也抱有这种态度。连他的一位先祖母是爱尔兰人这一事实,也未能使他的态度有所改变。加上他酷爱法国历史,而英国在历史上向来是法国的宿敌,大不列颠的胜利常给法国带来深重的灾难。他自己在回忆录中写到:"没有比我国的衰弱和失败更使我伤感的了。"

夏尔·戴高乐对英国的了解并不深入,他从未去过英国。尽管他熟谙英语,但说得并不流利。他对英法协约是赞成的,但与丘吉尔不同,他对英法在第一次大战中的战斗友谊印象不深。相反,他常提到的却总是诸如英国人没有参加马恩战役啦、在1918年德军进攻时英国人当了逃兵啦等这些事实。

第一次世界大战结束之初,戴高乐与丘吉尔的看法相同:法国被它的盟友抛弃了。戴高乐有时还指责英国人具有更险恶的不讲信义的毛病。比如他写到:"在两次大战期间,英国总是偏袒柏林,使巴黎不得不求助于英国。"最后,不应忘记的是,戴高乐曾作为参谋部官员被派往利凡得地区工作,而该地区曾是当时英法进行阴谋活动的中心和发生潜在冲突的舞台。人们甚至这样说过:凡是在该地区工作过的法国军官,都是反英派。戴高乐从那里回来时,确实对大不列颠的近东政策和企图产生了极大的不信任感。

戴高乐当然并不怀疑英国在危急时刻将会援助法国,但他也知道英国是决不干任何对它无利的事情的。1931年,他甚至在他所著的《向职业军队迈进》一书中这样写着:"英国凭借它的海军优势,以牺牲我们的殖民利益为代价和以不谈某些诺曼底岛屿的归属为条件,只要我们同意接受它的某种控制,我们就能指望英国保持中立。这种在我们繁荣时表示嫉妒,在我们痛苦时表示庆幸的英国式的中立,甚至也可能改变为利益联盟。"但在未改变前,"抑制德意志帝国的责任只能落到法国的肩上"。

在两次世界大战期间,戴高乐并未寻求与英国建立联系,即使这样的联系在当时似乎是很自然的。因此尽管他对利德尔·哈特上尉或富勒将军的著作十分欣赏,而且深受其影响,但他与这两位伟大的装甲理论家中的任何一位均未见面过。最后,尽管丘吉尔对法国军队怀有最崇高的敬意,但戴高乐对英军却不抱任何幻想。如在

1937年7月,他对他的姻兄弟雅克·旺特鲁说:"如果实际上将由法国独自来承担第一次冲击,它的防御手段就显得格外不够,因为英国人并无准备……"

在30年代末,戴高乐还不是个真正的反英派,至少他的反英程度远比不上丘吉尔的亲法程度。然而他对大不列颠的外交和殖民政策已经极不信任,他的这种思想状态当然免不了要影响到他在随后即将发生的戏剧性事变中的态度。

第二篇
英国的困境

　　满载着法国兵的英舰"希卡里"号是最后一艘驶离敦刻尔克港口的船只。

　　在5月21日至6月4日的昼夜里,数十万人从敦刻尔克逃离法兰西,这是战争史上空前的渡海大撤退。英国总计撤出33.8万人,其中有英国远征军21.5万人,法军12.3万人。

一、图谋法兰西

上帝似乎很喜欢和人类开一些玩笑，比如说，如果人类太安宁的话，就来点灾难。

而希特勒的降临就意味着灾难的开始。

如果搞一次世界恶人选举的话，希特勒无疑是首选。

1939年9月1日，希特勒在他上台不久后就发动了入侵波兰的战争。

然而希特勒的野心并未到此结束，其扩大德国版图的欲壑是难以用波兰填满的。在德军入侵波兰的胜利基本定局时，他又将目光投向西欧。

1939年9月12日，他对其副官说：法国很快会被征服，然后迫使英国议和。10月27日，在柏林召开的一次会议上，他又说："时间拖长对德国不利，我打算在近期进攻西欧。"

但是希特勒感到他的将领们对进攻西欧的疑虑很大，这将会影响到德军的作战。为增强将领们的信心，希特勒于11月23日就战争发展形势和目标发表了一次演讲。他声称，67年以来，德国第一次可以不在两线作战：由于苏联的削弱、苏德条约的签订和美国的中立，苏美两国目前不构成威胁，与英法相比，德军在现役部队、空军、装甲兵和炮兵等方面占有很大优势，总之，目前是有利时机，6个月后则可能丧失这种时机。

希特勒的三寸不烂之舌并没有使部属们增强信心，德国陆军总司令布劳希奇、总参谋长哈尔德等诸多高级将领，不相信德军的兵力和新式武器占有压倒性优势,担心进攻西欧会有很大风险。然而,他们却无力阻止希特勒进攻西欧的决定。

根据希特勒的指示,布劳希奇和哈尔德于10月19日向希特勒提交了进攻西欧的"黄色"方案,这个方案规定,德军将主要兵力集中于右翼,其任务是向比利时和法国北部实施主要突击,并占领英吉利海峡沿岸港口。这个方案与第一次世界大战德国进攻西欧的"施利芬计划"十分相近,它们都把主攻方向放在右翼,同样是通过比利时入侵法国。

"黄色"方案颁发之后,在德国三军总部和各集团军总部引起了激烈争论,德军A集团军群参谋长曼施坦因的意见尤其引人注目。

曼施坦因对"黄色"方案作详细研究后,对其战略构想极为不满。他说:"照我看来,陆军总部的战略意图,就其本质而言,完全是模仿1914年著名的'施利芬计划'。至少我感觉到这是一种耻辱。我们这代人居然不能做出一个好的计划来,而要去照抄老文章,尽管它是出自施利芬这样的名家手笔。"

曼施坦因认为,"黄色"方案最大的弱点是仅以割裂英法联军为目标,而没有把歼灭法军主力作为目标。他斟酌再三,提出了自己的报告。这个报告中最重要的一点是:如果不在一次决战中彻底解决法国人,而只是求得一个有限的局部性胜利,则德国所投入的政治和军事赌注是不划算的,陆军总部的"黄色"方案所导致的正是这种不合理的结局。进攻西欧的攻击重点应放在中路A集团军群方向,通过阿登山地的奇袭行动,迂回围歼进入比利时境内的英法联军主力,这就是著名的"曼施坦因计划"。

"曼施坦因计划"中的一个最大胆设想是让德军装甲摩托化部队通过茂密崎岖的阿登山地森林,绕过法国坚固设防的马其诺防线,对英法军队进行迂回奇袭。后来的事实证明曼施坦因是具备军事才能的,如果不是他,希特勒的美梦可能或者至少不会那么快地轻松实现了。

但"曼施坦因计划"遭到许多德军高级将领的反对。曼施坦因把自己的计划上呈了6次,陆军总部、参谋总部都不予理睬,也没有转呈希特勒。

曼施坦因与布劳希奇和哈尔德的关系本来就很僵，现在曼施坦因又一再坚持他们看来是毫无道理的意见，两位上司不厌烦才怪呢。于是，1940年1月27日，曼施坦因被免去A集团军群参谋长职务，任命为一个二流步兵军军长。实际上，这种职务变化是明升暗降，曼施坦因的官运可能到此终结了。

尽管如此，曼施坦因仍不放弃自己的计划。所谓天无绝人之路，2月17日，希特勒宴请新任命的5名军长，曼施坦因乘机向希特勒陈述了自己的计划。希特勒对此计划很感兴趣，邀请曼施坦因到他的书房密谈，这对于促使希特勒修改原有"黄色"方案起了重要作用。

正在这时，发生了一件出人意料的事，真是天助曼施坦因。1940年1月10日，一架德国空军飞机因迷航飞入比利时领空后被迫降落，机上德国军官携带着一份"黄色"方案，被俘前他只焚烧掉其中的一部分文件，计划的相当一部分落入盟军之手。这样，原来的"黄色"方案已无密可保，这也促使希特勒放弃原计划，改向阿登方向进攻。

在希特勒的直接干预下，陆军总司令布劳希奇和总参谋长哈尔德才开始同意将进攻重点转到阿登方向。他们制订了具体的实施计划，并命名该计划为"镰割"。

二、"闪电战"大显神威

希特勒扩张心切，"镰割"计划刚刚确定，就马上下达一道密令：要求各部队抓紧西线大战的准备工作，务于5月5日前完成一切进攻准备。

德军参谋部日夜忙乱，柏林的气氛愈加紧张。

一支支德国部队加紧向西线运动，德军的飞机、坦克、步兵、大炮和运输车辆像一团团浓密的乌云，在德国西部边境聚集着、翻滚着……

风声紧，雨意浓。德国对英、法、荷、比、卢的袭击如箭在弦，一触即发。

然而此时，英国首相张伯伦之流还沉浸在"西线无战事"的迷梦中。荷、比两国也天真地相信，只要严守中立，不触怒希特勒，就可以避免卷入这场战争。荷、比想依赖英法这两个欧洲大国来保护自己不受侵犯，而英法却耐心期待着东方出现某种"称心如意"的奇迹。

"奇迹"没有等到，大难却临头了。

1940年5月9日，德军统帅部下达进攻西欧的命令。

5月9日晚，德军飞机对德国一所大学进行了恐怖袭击，一所女子寄宿中学和一所医院被炸毁，死伤数百人。德军统帅部诬陷这次袭击系比利时和荷兰所为，找到了向这两个中立国家发动进攻的"根据"，真是"欲加之罪，何患无辞"。

5月10日，天刚破晓，德国不宣而战，百万大军突然扑向荷、比、卢、法诸国。

西欧上空，德军大编队轰炸机和"施图卡"式俯冲轰炸机发出的怪叫声打破了宁静的气氛，荷、比国土上升腾起一股股浓黑的烟柱，飞机场、桥梁、铁路和仓库等地，都遭到德国空军的疯狂轰炸。

当钢筋水泥工事后面酣睡的英法守军被隆隆炮声和炸弹声惊醒时，德军坦克已冲进荷、比国境，只可惜了一枕美梦！

德军入侵后，荷、比两国马上向英法求援。盟军统帅甘末林立即命令英法联军按计划向比利时行动。两小时后，英法联军才开入比利时境内增援，另一支援军赶到荷兰时，已经晚了。

德军坦克摩托化部队越过边境后，似滚滚洪水泻向荷兰、比利时和卢森堡腹地。当天，卢森堡就宣布投降了。

至于荷兰，5月10日凌晨，德军从地面和空中同时向荷兰发起进攻，迅速占领荷兰东北各省，并于当日突破其首道防线，迫使荷军退守荷兰要塞。

在地面部队进攻的同时，德军空降兵约4000人从天而降，分两路突入荷兰要塞，割裂了荷军部署。

5月12日晚，荷兰女王及内阁大臣接到荷军总司令温克尔曼的报告：已没有任何希望顶住德军的进攻了。

第二天，威廉明娜女王携几个内阁大臣登上一艘英国驱逐舰逃往伦敦。临走时，女王授权温克尔曼将军作为全权代表在适当时机宣布投降。

5月14日黄昏，温克尔曼命令全军放下武器。次日上午，他作为荷兰政府的全权代表在无条件投降书上签字。

短短5天，荷兰就被德军征服了。

比利时的情况虽然比荷兰稍好些，但也只是进行了有限的抵抗。

5月10日，德军从地面和空中对比利时发动了立体进攻，从地面和空中迅速突破比军防线。

比利时人有一个引以为豪的要塞——埃本要塞。比军认为，它比马其诺防线或齐格菲防线上的任何工事都更加坚固，可以长期坚守。

然而，作战过程大出比军所料。10日凌晨，经过模拟训练的德国空降兵乘滑翔机悄悄降落在埃本要塞顶部，从天而降的"神兵"令防守要塞的比军措手不及，德军以微弱代价轻而易举攻克了这个号称欧洲最难攻克的工事。

埃本要塞的失陷，预示着比军第一道防线的全面瓦解。5月12日，比军不得不退守第二道防线。

5月27日，比军陷入山穷水尽的境地，开始全面瓦解。比利时国王利奥波德三世再也看不到任何可以扭转局面的希望了，只好接受德国提出的无条件投降要求，于次日凌晨4时命令比军向德军投降。

希特勒的"闪电战"的确非同凡响。抛开道义的理念，从单纯军事角度看，希特勒的确是战争天才，让人不由得发出希特勒的降临是上帝赋予人类的灾难的感叹。

三、英法联军被困敦刻尔克

德军进攻西线的枪炮声,飞过波涛汹涌的英伦海峡,震动了英国首相府官邸,一心推行绥靖政策的张伯伦惊得目瞪口呆。

英国上下哗然,矛头一齐对准张伯伦。怒不可遏的英国人群起而攻之,要张伯伦"辞职"、"滚蛋"的吼声响彻英伦三岛。

反对"慕尼黑政策"、主张对德国采取强硬政策的海军大臣温斯顿·丘吉尔出任英国首相。

丘吉尔在就任首相的第三天,在下议院发表了著名的就职演说。他傲然不屈地说:

> 我能奉献给你们的只有鲜血、劳苦、眼泪和汗水。……你们问,我们的方针是什么?我要说:就是用上帝赐予我们的全部力量,从海、陆、空三路拼命作战,同在黑暗、可悲的人类犯罪史上空前的专制暴政作战。这就是我们的方针。你们问我们的目标是什么?我可以用一个词来回答,这就是胜利,不惜一切代价来取得胜利,无视任何恐怖来取得胜利,胜利——不管道路可能是多么漫长,多么艰苦……

英国人第一次领略到丘吉尔身为战时领袖所具备的那种坚定无畏的品格。在英国悠久的历史上,还没有哪一位首相像他这样简明扼要地陈述自己的施政纲领。这个口不离烟斗、貌不惊人的矮胖老头,使整个英国为之一振。

第二篇 英国的困境

短短的一席话，不仅概括了他的施政纲领，而且勾画出他那极富战斗精神的性格。为了胜利，他甘愿含辛茹苦、流血流汗，也不吝惜别人的鲜血和生命。正是这种品格赢得了英国人民的信任，而且也就是在这最危急的时刻，英国人民把自己的国家托付给了丘吉尔。

但是此刻的胜利却青睐越过阿登山区而来的希特勒的钢铁洪流。一群群德国坦克、装甲车、火炮、装甲运兵车以及卡车运载着步兵部队，像滚滚的浪潮般不断涌来。喷吐着火舌的坦克和装甲车汇成一股骇人的洪流冲向防守部队。在装甲车队前面，一批批样子恐怖的黑色"施图卡"机，咆哮着往下直冲，对法军阵地低空轰炸，投弹后又立即拉起，急速爬向高空。许多法国士兵感到这种冲击似乎就是针对他们本人的。毫无作战经验的法国部队开始瓦解了。

5月11日傍晚，德军的装甲部队已全线突破了英、法、比军队的防线。

德军装甲部队如同决堤的洪水，汹涌向前。突破色当，渡过马斯河，在德军坦克师的前面展现出一片广阔无人防守的法兰西北部平原。法国人苦心经营的马其诺防线被德国人巧妙越过了，它在战争中并没有发挥出像法国人所想象的那种中流砥柱作用。

5月15日凌晨，英国首相丘吉尔忽然接到雷诺打来的电话："我们被打败了，这一仗我们打输了！"

丘吉尔惊诧得说不上话来，稍待镇定后急忙问："不会败得这样快吧？"

雷诺绝望地说："在色当附近的战线被突破了！德军的坦克和装甲车大批地冲了进来。"

丘吉尔大惊失色："什么，伟大的法兰西军队，难道就这样快倒下去了吗？"

次日，丘吉尔急急忙忙带着总参谋长乘飞机赶往巴黎，总司令甘末林神色忧郁地介绍说，大批德军装甲部队直指亚眠和阿腊斯，后面紧跟着10个机械化师，分成左右两支，进击南北两路法军。

丘吉尔问："战略预备队在哪里？"

甘末林耸耸肩，摊开双手说："一个也没有！"他又说："数量上占劣势，装备上占劣势，方法上占劣势。"

5月21日，德军推进到海岸，一举切断北方的英、法、比联军同南边法军的联系。

此后，德军各装甲部队继续北进，迅速占领各战略要地。

就这样，英法联军的几十万大军，就被德军牢牢围困在敦刻尔克地区。

四、逃离法兰西

1940年5月，欧洲大陆的法兰西像往年一样，到处充满了欢乐明媚的春意，到处是葱郁的草地和盛开的鲜花。

5月10日，一场可怕的暴风雨猛烈侵袭法兰西大地，突如其来的灾难打碎了法国人民宁静的生活。

这一天，纳粹德国的武装力量倾巢而出，向着法国人、英国人、比利时人和荷兰人猛扑过来。

发动这次闪电进攻的共有136个训练有素的德国师，打前阵的是拥有3000辆坦克和大量装甲车群的10个装甲师。另外，还有一批又一批的重型轰炸机、俯冲轰炸机、战斗机、伞兵运输机以及满载突击队的滑翔机。

与德军对峙的盟国部队共有135个师，其中包括英国远征军9个师。就装甲师来说，法军至少拥有6个师，2300辆左右的坦克，但大部分坦克装甲都很薄，火力不足，而且是一小群一小群地分散在整个战线上。英国人虽是坦克战的先驱，但此时刚完成其第一个装甲师的训练和装备，该师拥有328辆坦克，当时还在英国本土。

法国最高统帅部原以为德国的主要攻势是在北面，因而在那里相应地集结了自己的力量。这倒正好帮了德国人的大忙，因为他们的进攻恰恰是在较远的南面，冲过陡峭的、森林密布的比利时阿登山区，发动了声势浩大的装甲部队攻势。阿登山区连接宽阔的马斯河，法国人认为这种地形使德国装甲师的坦克和火炮无法通过，因而他们在这一带只部署了一些战斗力较差的部队。

当英法联军的"左臂"向着德国人挥去的时候，德国人却对准其肩关节给予粉碎性的一击。5月14日德军已在色当突破。一群群坦克、装甲车、火炮、装甲运兵车以及卡车运载着步兵部队，像可怕的浪潮那样不断涌来。他们所拥有的力量和速度是以往战争中闻所未闻的。

当德军发动这次闪电进攻时，温斯顿·丘吉尔刚刚当选为英国首相。

此时，战争阴影笼罩着整个英国。入侵、轰炸、背叛、化学战和细菌战……所有这些威胁都向人们的心头压来。英国能打赢这场战争吗？这种担心和忧虑悄悄蔓延开来。

而此时此刻，希特勒钢铁洪流般的部队横冲直撞，在法国第9军团后面成扇形展开，很快越过了马斯河，在迪南突破。

5月20日，英法当局惊骇万分地认清了德国装甲部队的主攻方向：德国人果真是在调头转向西北方的大海。此时，法国北部军队——包括英国远征军——的交通线无可挽回地被切断了。情况每时每刻都在急剧恶化，所有的撤退路线都被难民堵塞了。

第一次世界大战以后，英法两国的军人和老百姓都接受了这样一种说法，即未来的任何战事都将限于坚守固若金汤的抗德的马其诺防线。这时谁也想不通，"整个战线竟会如此轻易地彻底崩溃。而当前线被突破后，法国陆军就像一只被戳破的气球那样立即全部瘫痪了"。

灾难来得如此突然，整个法国陷于惊恐和瘫痪之中。正在法国领土上的英国远征军何去何从？远征军司令戈特勋爵不想让麾下的几十万精兵强将去为法国人陪葬；远在伦敦的丘吉尔首相也不想丧失今后获胜的本钱。他们想趁德军尚未封闭包围圈时，撤回英国远征军！于是，代号为"发电机"的宏大撤退计划付诸实施了。

40万联军官兵且战且退，最后全部聚集到了法国的敦刻尔克海滩。这时，德军的坦克离这个港口还有十几公里。德国军队从南、北、东三个方向向海滩步步紧逼，只有西面的英吉利海峡敞开着。那里虽然波涛汹涌，却是联军绝处逢生的唯一希望。

英国政府紧急调集了所有能抽调的军舰和民船，无数业余水手和私人船主应召而来。他们驾驶着驳船、货轮、汽艇、渔船，甚至花花绿绿的游艇，顺着江河细川和海湾回流汇集到敦刻尔克，开始冒着德国飞机、潜艇和大炮的打击，往返穿梭于海峡之间，将一批批联军官兵送回英国本土。

此时，乌鸦般的德国"施图卡"、"亨克尔"和"道尼尔"机群几乎整天都在港区和海滩的上空盘旋俯冲，空中硝烟弥漫，爆炸声震天动地，火苗直窜云天。密密麻麻的士兵挤在狭小的桥头阵地里，进退维谷，处境极其危急。

在这种情况下，英国远征军不得不紧急请求将所有可提供的船只都派到海滩来。同时，皇家空军也把每一架可以动用的战斗机都投入到敦刻尔克上空的战斗。于是，在敦刻尔克上空，爆发了大规模的空战。

在空中进行激烈交战的同时，海滩上的英国士兵们木然地排在一行行向前缓慢移动的长队中，队列一个小时又一个小时地把他们送入没踝的、没膝的、齐腰的、齐胸的海水里，最后由小船上的人把他们拉了上去。海潮涨落时，同伴们的尸体漂撞到他们身上，这些人有的是被敌人的炮火打死的，有的是由于救援船只沉没而溺水身亡的。

一架英国侦察机飞抵海滩上空，飞行员从空中看到，海滩上有一条条彼此相隔几米、看上去像是伸入到海里的坚固长堤似的东西。原来，那是耐心地等候救援船只的队列，最前面的人站在齐腰深的海水里，秩序井然的三人一排的队伍沿着长长的堤坝以每小时1000人的速度向前移动。到5月29日，仍有20万左右的英国远征军部队留在海滩英军的防御圈内。当新来参加营救的人在船上一看到那布满海滩的一大片黑压压的人群时，感到手足无措，真不知如何才能完成任务。

29日下午，德国"施图卡"机群又前来袭击，那时已没有皇家空军在敦刻尔克上空巡逻警戒，"施图卡"机群只需对付地面火力和军舰上的高射炮火就行了。"施图卡"机群以及尾随在后作低空飞行的

第二篇 英国的困境

■ 英军从敦刻尔克大撤退

"亨克尔"机群带来了可怕的破坏效果,然而,尽管这样,一行行长长的黑沉沉的士兵队列仍保持着完整的队形;大大小小的救援船只在弹雨之中穿梭往返,就像没注意到死神的威胁似的。

此时,士兵们发现,海滩上柔软的沙子就像坐垫似的能把大部分爆炸力吸收掉,他们只要平卧在沙滩上,哪怕炸弹就在身旁爆炸,也不过是震动一下而已。因此,他们很快掌握了这种在弹雨中逃生的好方法。

在与死神相伴的时刻,英国士兵表现得很乐观。他们在空袭间隙时间里,有的在沙滩上踢足球、打板球,有的在海浪里洗澡,有的甚至还玩起堆沙堡的游戏来。

5月30日,戈特勋爵报告说,预计德军定会于6月1日黎明突破英军在海滩周围的防御,而还有大约8万名英国士兵和十几万法国士兵没有撤出。他建议将撤退的最后期限推迟到6月1日午夜。同时,在陆上必须大幅度地紧缩防线以作最后的抵抗。

此刻,敦刻尔克港口及其海口通道遍布着许多船体的残骸,海面上尽是油污和碎木片、半沉的小舟、浮动的绳索、浸透了海水的衣服以及旋转翻滚的尸体,前来营救的船只,不得不从中费劲地挤出一条路来。

6月4日,又有大约2.6万名法国士兵撤到英国,而此时英国士兵几乎已全部撤回。下午 2 时 23 分，英法两军指挥官一致同意"发电机"计划到此结束。

满载着法国兵的英舰"希卡里"号是最后一艘驶离敦刻尔克港口的船只。

就在这艘弹痕累累的英国驱逐舰在宽阔的海面上破浪前进时，德军坦克小心翼翼地爬入已成废墟的港口。

留守的法国部队打出了他们的最后一发子弹。

在 5 月 21 日至 6 月 4 日的昼夜里，数十万人从敦刻尔克逃离法兰西，这是战争史上空前的渡海大撤退。英国总计撤出 33.8 万人，其中有英国远征军 21.5 万人，法军 12.3 万人。

6 月 4 日的晚些时候，丘吉尔在下院报告敦刻尔克奇迹时，庄严地对议员们说："我们必须极其小心，不要给这次救援行动涂上一层胜利的色彩，战争不是靠撤退来打赢的。但是，在这次救援行动中却也包含着胜利，这一点应当予以注意。它是靠空军赢得的……这是英德空军之间的一次重大较量。空中的德国人试图使海滩上的撤退无法进行，试图将几乎所有出现在海面上的多达数千艘的船只击沉。你们能想象出他们还有比这更为重大的目标吗？对战争的整个目的来说，还有比这一目标具有更大的军事意义和重要性的吗？他们拼命想这样干，但他们被我们击退了，他们的任务遭到挫败。我们把军队撤走了，他们给我们所造成的任何损失，都已付出了成倍的代价……"

从 5 月 10 日德国开始席卷法国大地开始，在一个多月的作战中，英国远征军共计约有 2.8 万人伤亡，4 万人被俘，其中以敦刻尔克保卫战的损失最大。损失的武器装备有：坦克 600 辆，野炮和中型火炮 1000 门以上，反坦克炮 500 门，高射炮 850 门，以及英国远征军 10 个师的全部车辆和装备。德军伤亡约 6.1 万人。在海上，英国海军全部的 200 艘驱逐舰中，只有 74 艘未遭破坏，能立即投入战斗。皇家空军损失 959 架飞机，其中战斗机 477 架；而德国空军却有 1284 架飞机被击毁，其中大部分是被皇家空军战斗机击落的。德国空军的损失，对于此后不久进行的不列颠之战，产生了重大影响。

第三篇
拒绝和谈

"我将在这间屋子里指挥这场战争。"他宣布说,"如果我们受到入侵,我就坐在那里——那把椅子上。"他把雪茄放回到嘴上,吐了一口烟,然后接着说:"我就坐在那里,直到德国人被赶走,要么是他们把我的尸体抬出去!"

第三篇 拒绝和谈

一、"不要行动"

　　1940年6月5日清晨，敦刻尔克海滩，又恢复了往日的平静。
　　凄清的晨风中，到处飘洒着碎布片，还有雪片般的军事文件，丢弃的弹药和扔掉的杂物遍地可见。士兵们趟水奔向救援船只时丢掉的数千双鞋，骑到海边来的数百辆自行车，一眼望不到尽头的排成一列列长阵的卡车和大炮，一堆堆的步枪，还有堆积如山的罐头食品，一切的一切都反映出英国人和法国人的无措。
　　两名德国空军高级将领正沿着宽阔的海滨沙滩向前走着，他们的皮靴踏在英军所留下的废墟上。这两个德国人，一个是德国空军参谋部的沃尔多将军，另一个是德国空军司令戈林元帅的副手、德国空军监察长米尔契将军。
　　两人走到一堆装葡萄酒和威士忌的空酒瓶前（无疑是英国军官们喝完后扔下的），沃尔多将军用脚尖踢了一只酒瓶，挥手指着废墟说："这里就是埋葬英国人在这场战争中的希望的坟墓！"随后，他又鄙夷地指着酒瓶说："这就是他们的墓碑！"
　　此时，矮小肥胖、带着一副颐指气使神情的米尔契将军却没有一点他的同伴那种得意洋洋的表情，他似乎有些沉重地说："他们的希望还没有被埋葬。"
　　不远处，赫然停着一辆豪华列车，那是德国空军司令戈林元帅的装甲专列，戈林长着一张红脸和两片薄嘴唇，生性爱吹牛撒谎，好大喜功，追求时髦，爱慕虚荣。他喜欢狩猎，并对各类艺术作品和五光十色的珠宝有着疯狂的嗜好。人们的共同感觉是，这位身材高大、身穿挂满勋章和珠宝的天蓝色制服的空军司令，可谓是健壮如牛的赳赳武夫，可是，那浅黄色闪光的翻领，阵阵飘过的香水气息，以及那戴满钻石戒指的双手，又让人感到一种十足的脂粉气。

1893年1月，戈林出生于巴伐利亚的勒森海姆，其父与铁血宰相俾斯麦关系亲密，曾受俾斯麦委派出任德属西南非洲（今纳米比亚）总督。少年戈林秉承父亲意愿，入读士官学校，1911年毕业于德国大利希特菲尔德军事学院，后在亚尔萨斯的米尔贺森联队任步兵中尉。一战爆发后，戈林转入陆军航空兵部队学习飞行，曾任著名的里希特霍飞行中队的最后一任指挥官，在空战中击落23架敌机，成为德国著名的空中战斗英雄，获得德国战时最高荣誉勋章。战后，德国的战败使得戈林一钱不值，流落到丹麦和瑞典当起了运输机驾驶员。1921年，戈林结识了希特勒。那是一次偶然的机会，他听了希特勒的演讲，两人一个想重温日耳曼帝国的旧梦，一个想重振德国空军雄威，因而一拍即合，大有相见恨晚之意。戈林凭借其过人的精力和毒辣的手段，为希特勒的啤酒馆政变、国会纵火案、建立盖世太保和冲锋队以及清除同党罗姆等竭尽犬马之劳，成为希特勒最得力的助手之一，为希特勒夺权立下了汗马功劳。其手段之卑鄙龌龊，较希特勒有过之而无不及。在清除元首的心腹干将罗姆时，希特勒有些于心不忍，念及共同起家的故交，想留他一命。但是戈林却力劝希特勒杀掉罗姆，当然这也为戈林自己扫除了竞争对手。戈林还为希特勒创建了恶贯满盈的盖世太保，并设计了血债累累的集中营。随着希特勒的发迹，戈林在第三帝国的仕途青云直上，成为希特勒的宠臣，先后担任过冲锋队队长、航空部长、空军司令，并晋升为陆军上将、元帅，直至成为希特勒的法定继承人。

此时的戈林正在这辆列车上准备召开一次德国空军总司令部务会议，前来参加会议的有第2航空队司令凯塞林将军，第3航空队司令斯比埃尔将军，第5航空队司令施登夫将军，以及监察长米尔契将军和参谋长耶舒昂纳将军。

满面红光，神采飞扬，身着华丽的丝质新制服，挨个拥抱手下的将军，拍拍他们的后背，绕桌走了一圈后，戈林来到首席的位置上。

他首先告诉大家，法国方面的某些媒介已经试探停战的条件了，接着他又说，英国军队在遭受了德国军队如此"沉重的打击之后，于敦刻尔克被全部歼灭"，他和元首不知有多么高兴。

听到戈林说到这里，米尔契不由自主地打断戈林的谈话，插话道："元帅是说英国军队在敦刻尔克被全部歼灭？"戈林微笑着点了点头。

米尔契满面狐疑地说："在我看来，英国人远没有被打垮。我承认，我们在三个星期内就将英国人赶出了法国，这是很了不起的战绩，是对英国人傲气的一个沉重打击。但是，我们必须面对这样一个事实，即英国人几乎把他们的全部军队都撤过了英吉利海峡，这个情况令人担忧。"

在戈林看来，西线的战事差不多已经结束，他正是带着这种想法来召集这次会议的。米尔契刚才的一席话，对他的情绪产生了很大影响，他问他的这位监察长："你认为下一步应该怎么办？"

米尔契十分严肃地强调："我认为我们应当立即将空军现有的全都兵力调至英吉利海峡沿岸……攻占大不列颠不容拖延……我警告您，元帅先生，如果您给英国人三四周休整的时间，到那时就来不及了……"

"这不行！"还没等米尔契说完，戈林就打断了他的建议。

但是，参加会议的其他人，绝大多数都支持米尔契的意见。随着会议的继续进行，戈林渐渐开始转向米尔契的观点。

几个小时之后，一项作战计划终于形成了。

这是一个入侵不列颠的计划。它拟以空降兵入侵，先以轰炸机和俯冲轰炸机大举进攻英国的南部沿海。在飞机袭击的掩护下，伞兵部队将在英国本土着陆，并夺取一个机场。紧接着用军用运输机进行穿梭运输，运送5个德国精锐师；这些士兵将呈扇形散开，像丛林野火一样遍布英国农村。除了地面上可能遇到的抵抗之外，这项计划还考虑到了其他一些难以克服的障碍：要使英国人屈膝投降，不仅要把他们的飞机从天上打下来，而且还必须封死他们运送食品的海路，并使他们的港口陷入瘫痪，这就意味着要解决在世界上仍是最强大的英国海军。戈林预言，德国的入侵将使大英帝国在北海和地中海的战舰离开现在的位置，而且还会调动英格兰斯卡帕湾重兵把守的大本营里的军舰，迫使它们开足马力驶向英吉利海峡。这样，全部皇家海军将集结在这条狭长的海域，与此同时，全部的皇家空军也将在战场上空露面，这不仅能使德国空军摧毁英国的空中力量，而且也能消灭英国的海上力量。

戈林认为，这是一个绝妙无比的计划。妙就妙在它将是一场由德国空军控制的战斗，不仅有10个陆军师将归他指挥，而且德国海军那些需要用来作后援和策应的船只及舰艇也将归到他的手下。他相信，德国空军不但能阻挡英国海军的侵扰，还能摧毁英国的空军力量。身为德国空军的总指挥官，如果入侵英国成功，他自己必定获得头功的荣耀。

第二天，戈林来到希特勒设在比利时一个村庄里的临时指挥部，把他和空军将领们详尽讨论过的那项计划面呈希特勒。

"我的元首，这就是胜利的蓝图！"戈林说道，"但是我想强调一点。要取得这场战争的胜利，有一个先决条件，即战争务必立即打响，一定要趁英国人尚未从他们在比利时和法国之战的惨败中爬起来，趁那些从敦刻尔克撤走的英国远征军仍然士气低落、缺乏武器装备之际，将他们一举击败。"

"我等待着你的命令，我的元首。"最后，戈林带着自信的期待说。

希特勒在认真看了戈林的计划后，给戈林下达了一项命令。但是，这项命令让戈林傻了眼，而米尔契将军听到这项命令后更是暴跳如雷。希特勒命令戈林"不要行动"。

希特勒明确指出，尽管他欣赏这个计划的现实态度，但却反对将它付诸实施。这并不是因为他认为这项计划不会取得成功，而是因为他觉得现在或将来都没有这样做的必要。他深信，英国人作为一个理智的民族，到此时此刻已认识到了他们山穷水尽的处境，他指望英国政府会接受将由他提出的和平解决方案。在着手准备这件事的同时，他并不想用穷追猛打的入侵来"教训"英国人。

在戈林和米尔契看来，希特勒简直是疯了——当然他们只敢在心里这么说。他们认为英国人正在厉兵秣马,绝不会俯首称臣,要征服他们,唯一的办法就是摧毁他们的空中力量,让他们的海军葬身海底,封锁他们的港口,然后长驱直入,到英国的本土上与他们较量。现在,德国每浪费一个小时,就等于送给了英国人用以准备反攻的生死攸关的60分钟。

事实上,戈林和米尔契是对的。早在6月4日,英国首相丘吉尔就宣告英国将不顾一切地进行抵抗:"我们决不气馁认输,我们将战斗到底。……我们将在海洋上战斗;我们将以不断增长的信心和不断增长的力量在空中战斗;不论代价多大,我们将保卫我们的岛屿。我们将在海滩上战斗;我们将在登陆地点战斗;我们将在田野和街道上战斗;我们将在山中战斗;我们决不投降……"

二、抛给英国人的橄榄枝

此时,希特勒的心思完全放在了促使法国投降上。敦刻尔克战役刚过两个多星期,法国的最后一道防线就在德军"闪电战"的进攻下崩溃了,以贝当元帅为首的法国新政府请求停火。

6月22日,法国在停战协议书上签字投降。

希特勒乘兴和一些老友到巴黎作了一次短暂的游览。在荣誉军人院,他久久凝视着拿破仑墓,然后转身对他的忠实摄影师霍夫曼轻声说:"这是我一生中最伟大、最美好的时刻。"

希特勒在他的将军和老友们的前呼后拥下,来到了第一次世界大战时期的西线战场。这个当年毫不起眼的奥地利下士,此时已成为世界上最显赫的人物。马其诺防线毫无生气地静卧在他的面前,堡垒上的斑斑弹痕无神地望着这位不可一世的征服者。

故地重游,希特勒百感交集。曾几何时,一个出身低微的传令兵居然使一个第一次世界大战的战败国,一个在政治上一片混乱,在军事上被解除武装,在经济上快要崩溃的德国,一跃而成为欧洲大陆最强大的国家,所有其他的国家,甚至包括英国和法国,都在它的面前发抖。

希特勒转过身，得意洋洋地对走在他身边的霍夫曼说："那些凡尔赛条约的战胜国，那些主宰英国和法国政府的'小蛆虫'，现在不知作何感想！"

霍夫曼同样是满面春风，他问希特勒："你对战争的下一步作何打算？准备什么时候在英国登陆呢？"

"下一步我想对付的是俄国佬，"希特勒把手一挥说，"如果我们与英国人开战，就得同时在东西两线作战，这对德国并没有什么好处。我们德国人流血牺牲得到一些胜利，但获得实惠的只是日本、美国及其他国家。"也许因为激动，希特勒苍白的脸有些泛红。

霍夫曼和将军们这时已经停下，静静地听着。

"英国是个理智的国家，"希特勒信心十足地说，"待他们明白了自己孤立无援的处境后，必定会接受我的和谈方案。"

希特勒之所以坚持与英国人讲和，除了他所说的为避免两线作战外，据说还有一个原因，即希特勒是真心真意地敬慕英国人，敬慕大英帝国和英国的文明。希特勒认为，英国人符合优秀民族的标准，因此最好不要消灭他们。

当天，希特勒回到他在克尼比斯的"黑色森林"别墅，他在那里一直静养了10天。这期间，他把跟战争沾边的一切事务都抛到九霄云外去了，天天早上驱车四处兜风。他尽情享受着胜利之后的愉悦，细细品尝着那份妙不可言的滋味。而这段美好的日子和这种美好的感受，在希特勒以后的日子里再未出现过。

法国失陷之后，德国的战争机器突然变得温和起来。德国士兵在英吉利海峡的岸边洗澡，他们光顾那些挂着"此处说德语"牌子的饭馆和咖啡馆，而几周之前，同样是这些饭馆和咖啡馆，挂的却是"此处说英语"的牌子。

然而，在法国北部海岸并不全是休息和娱乐。对德国武装部队的将领们来说，希特勒"不要行动"的命令仅仅只是说他现在不希望进攻那个岛国，但这并不妨碍他们为希特勒万一突然改变主意的可能性作准备。

因此，德国空军把第 2 航空队调到了英吉利海峡，一同调去的还有第 3 航空队。第一次世界大战中赫赫有名的红色男爵的表兄弟，胆大过人的里希特霍将军也在调集兵力，他手下的战斗机和俯冲轰炸机中队正在与英国隔海相望的法国飞机场集合——从那里飞到多佛尔断崖只需 20 分钟，飞到伦敦也只用一个小时。

在这些部队的身后，轰炸机中队和军用运输机正从它们在德国的基地开过来，德国士兵已把肝泥腊肠和啤酒的味道传遍了法国兵营，而前不久这里弥漫的还是法国香烟和廉价葡萄酒的气味。

虽然希特勒下达了不对英国发动全面进攻的禁令，但是德国空军却开始对英国进行了零星的突袭。空袭的主要目的，是对德国飞行员进行实战训练。

白天，德军战斗机在英吉利海峡呼啸而过，它们袭击护航舰，企图引诱皇家空军的飞机起飞作战，以便了解英国人的飞行技术和胆量。

夜间，德国空军参加夜袭的轰炸机小分队对一些防范不严的孤立的目标进行攻击，目的是试试他们进攻的准确度和有效性。

6 月底，德国方面试探和平的建议通过各种渠道传到了伦敦。梵蒂冈通过它瑞士的教皇使节发去了一封询问信。瑞典国王也亲自要求英国与德国和解。在西班牙，纳粹的密使正在直接与英国大使霍尔爵士会谈。

三、"不，决不"

对于希特勒伸过来的橄榄枝，英国首相丘吉尔是什么态度呢？他做出了明确而坚定的回答："不！决不！"

丘吉尔有着一副铮铮铁骨。他于 1874 年 11 月出身于英国一个贵族家庭。父亲伦道夫·丘吉尔勋爵是保守党领导人之一，曾任财政大臣。母亲珍妮·杰罗姆是美国人。丘吉尔个性勇敢，富于冒险精神。他自幼喜欢玩打仗游戏，孩提时他就拥有 1500 个玩具小锡兵。他可以长时间地将它们摆成各种阵势，进行交锋对垒，经常玩得废寝忘食。18岁那年，丘吉尔考上桑赫斯特皇家军事学院。24岁时，他在苏丹恩图曼第21兰瑟支队服役，经历了英布战争。1914年，丘吉尔任英国海军大臣，英海军在达达尼尔战役中的惨败，导致他引咎辞职。

丘吉尔的血管里流动着战争的血液。他是战争问题的专家，是战争艺术的学子。一些人把他描绘成《圣经》中约伯的那匹马，很远就能闻到战争气息，"在山谷中搔爪，在号角中嘶鸣"。现在，又是战争，把他推上了历史的舞台。他不知疲倦，足智多谋，热情洋溢，英明果断，就像一尊岩石阻挡着风暴的袭击，他使一个摇摇欲坠的国家重新振作起来，走向胜利。当战争结束后，英国和其他许多国家的人民回首往事时，都把丘吉尔视作英国这艘几经风险最终凯旋的战舰的舵手和舰长。然而，当丘吉尔于1940年5月10日夜晚接过这艘战舰时，它已是遍体鳞伤，摇摇晃晃，而且即将面临纳粹德国铁蹄践踏的灭顶之灾。

丘吉尔决不会被希特勒的和谈烟幕所蒙蔽。从希特勒违反凡尔赛和约扩军备战，到撕毁慕尼黑协定吞噬波兰……几次与希特勒打交道的经验，使丘吉尔已看透了这个流浪汉出身的家伙是个出尔反尔、言而无信的卑鄙小人。

这位素以坚定无情而著称的英国首相，给瑞典国王写了一封措辞强硬的复信："……甚至在对于这种要求或建议作任何考虑以前，德国必须用事实而不是用空话做出确实的保证。它必须保证恢复捷克斯洛伐克、波兰、挪威、丹麦、荷兰、比利时，特别是法国的自由和独立生活。"

当丘吉尔得知德国代办托姆森企图在华盛顿与英国大使会谈的消息以后，立即发了一封急电："应告知洛提安勋爵，绝不能给德国代办以任何答复。"

丘吉尔对待希特勒的和平方案的态度，多次在公共场合明确表达出来。一天晚上，他召集了一次帝国参谋部会议，会议是在那迷宫般的地下总部的一间空房子里进行的，此处有"地洞"之称，离国会和政府办公楼很近。当首相走进来时，已聚集在那里的将军们和内阁大臣们都站着静静地看着他,只听得见排风扇往这间沉闷的屋子里输送空气的声音。丘吉尔站稳后,从嘴上拿下那只特大号的雪茄,用它划过这个简陋的防空洞,然后指向会议桌首席位置上放的那把木椅。

"我将在这间屋子里指挥这场战争。"他宣布说,"如果我们受到入侵,我就坐在那里——那把椅子上。"他把雪茄放回到嘴上,吐了一口烟,然后接着说:"我就坐在那里,直到德国人被赶走,要么是他们把我的尸体抬出去!"

在拒绝希特勒和平计划的同时,丘吉尔抓紧时间进行抗击德国入侵的准备。农民、第一次世界大战后退伍的老兵以及地方上其他一些国防志愿人员,都聚集到了国民军的行列,他们正在英国的一条条道路和8000公里的海岸线上巡逻,手里拿着狩猎用的武器,老式的步枪,甚至还有镰刀和锄头。在他们得到正规的装备之前,在敦刻尔克撤回的士兵和其他正规军重新武装起来之前,在防御工事筑牢、坦克陷阱挖好、海边的地雷埋好之前,在皇家空军以更好的飞机和飞行员加强实力之前,每赢得一天都是十分宝贵的。

在法兰西失利后,英国人并没有被惊恐和混乱所困扰,他们充分地利用了撤退后的间歇时间,加速飞机、坦克和其他武器的生产,加紧进行各项战争准备,以使他们的岛国壁垒森严。

四、"海狮"计划

7月初,希特勒认为英国人会恢复理智的自信心开始渐渐消失了。

在希特勒眼里,丘吉尔是一个喜欢大喝白兰地的农夫,而那些辅佐他统治英国的人则是顽固不化的笨蛋。在去年9月战争爆发以来的10个月里,德意志帝国的武装力量已将从波兰的奥得河到法国英吉利海峡沿岸的整个北欧纳入了德国的统治之下,而海峡那边的英国人却偏偏对这一现实视而不见。他们的固执令希特勒大惑不解。

希特勒十分恼火。他终于开始作全面入侵英国的准备了。

7月16日,一份发给德国军官的绝密命令宣布了元首的决定:

"鉴于英国不顾自己军事上的绝望处境,仍然毫无愿意妥协的现实,我已决定对英国登陆作战,若有必要,即付诸实施。"

这项命令还说:"这次作战行动的目的是消除英国本土这一对德作战的基地,并在必要时全部占领该国。"

希特勒在这项指令中用了几个关键字眼:"若有必要。"这说明,此时希特勒仍在期待着英国人能认识到他们的困境并接受他的意见。

这次作战行动的代号是"海狮"。

与戈林和米尔契以空军部队入侵英国的流产计划相比,"海狮"行动虽然没有那么轰轰烈烈,但它的构想却庞大得多。它拟以多达25万人的德国步兵在英国南部海岸长达320公里的宽阔战线上登陆,只有少量的入侵部队使用飞机运送。大部队由改装过的内河驳船、拖船、汽艇和较大的运输船运过英吉利海峡。他们将分三批到达,首先抢占滩头阵地,继而向内陆推进。他们的首要目标是切断伦敦与英国其他地区的联系。当占领英国首都后,立即由盖世太保逮捕2000名英国的首脑人物,从丘吉尔到作家沃尔夫及演员科沃德,并将所有17岁至45岁身体健全的英国男子都拘禁起来,运往欧洲大陆。

希特勒的高级将领都十分赞赏"海狮"计划,唯有海军总司令雷德尔元帅持怀疑态度。令他忧虑的除了他的海军在挪威受过损失之外,主要是他看到身边的战略家们把"海狮"行动仅仅看作一次渡河计划,只不过这一次宽一些罢了。那些战略家们似乎不懂得,入侵部队乘风破浪地渡过40多公里通常是白浪滔天的英吉利海峡进入英国本土,与攻过1公里宽的维斯杜拉河进入波兰或2公里多宽的莱茵河打进法国,有着天壤之别。

雷德尔的同事们认为,一般的渡河作战德军已很熟练了,他们只需要对此作两处修改,一是用德国空军的轰炸机代替地面的炮兵;二是让海军承担运输任务,而这项任务过去通常是由陆军运输部队完成的。

　　高级将领们的这种轻率的态度，使雷德尔十分震惊。他深知，由海路登陆这种作战方式，德军并没有仔细地训练过，而且他明白，他的海军并不具备保护和维持"海狮"计划在320公里宽的正面地带实施作战所需的足够的船只。当他提出缩短战线时，陆军的将领们反驳说，这等于把他们的军队"直接送进绞肉机"。

　　对于高级将领们的分歧，希特勒做出了裁定，他将战线比原定的缩短了一些，减掉了怀特岛以西的地区。

　　尽管雷德尔的疑虑仍然未被打消，但德国陆军却深信"海狮"行动能够成功。陆军总司令布劳希奇将军和陆军总参谋长哈尔德将军都向希特勒保证，他们将全力以赴地执行这个作战计划，而且一定能够取得胜利。然而，他们却提出了一个非常关键的要求：在海路入侵英国的战斗打响之前，德国空军必须先削弱皇家空军的战斗力，并完全摧毁英国的空中防御力量。

　　这两位将军太高明了，他们把球扔给了空军司令戈林元帅，为自己留了一条退路，这样一来他们便同时赢得了雷德尔的大力支持。后来雷德尔回忆说，当他得知这一部署时才放下心来，这将使他的海军在两个意义上摆脱困境。如果德国空军没能击败皇家空军，那么就不会从海上入侵，而雷德尔也不必用他所剩的海军力量去与强大的皇家海军相抗衡了。反之，如果皇家空军被击溃，海路登陆开始，希特勒就会担任最高总指挥，这样，以后的罪责（当然也许是功劳）就都是他的了。

　　然而，这时希特勒还没有最后确定是否要实施"海狮"计划，他打算再给英国最后一次采取"理智"态度的机会。

　　7月19日，希特勒在柏林的克罗尔歌剧院召集了一次特别引人注目的国会会议。

　　希特勒的将军们在剧院的前排就座，包厢里挤满了各国的外交官。这些外交官听到的传闻是，元首今晚将提出一项最后的和平建议。

　　希特勒以其出色的表演技巧扮演了一个伟大征服者的形象，他一改以前那种歇斯底里、大喊大叫的风格，以十分温和的语调开始了自己的发言。

他在演讲中大力颂扬德国在这场战争中已取得的胜利后，将话锋转向英国对待战争与和平的态度。他说：

> 现在我从英国只听到一个呼声：战争必须进行下去！但这不是人民的声音，而是政客的声音。我不知道这些政客对于这场战争继续下去的结果，是否有了一个正确的概念……
>
> 请相信我吧，先生们，我对于这种毁灭整个国家的无耻政客，是深感厌恶的……丘吉尔先生无疑会去加拿大，那些特别热衷于战争的人们的金钱和子女早就送到加拿大去了，但是千百万人民将开始遭受大灾大难。丘吉尔先生这一次也许会相信我的预言：一个伟大的帝国——一个我从来也不想毁灭甚至不想伤害的伟大帝国，将遭到毁灭……
>
> 现在，我觉得在良心上有责任再一次呼吁英国和其他国家拿出理智和常识来，我认为我是有资格做出这种呼吁的，因为我并不是乞求恩惠的战败者，而是以理智的名义在说话的胜利者。我实在看不出为什么要把这场战争继续打下去。

就在希特勒进行演讲的当天晚上，德国的飞机飞到英国，撒下了印着希特勒演讲全文的传单。传单上说，德国要"使你们了解你们的政府向你们掩盖的事实"。

德国人有些过虑了。实际上，英国的广播已全文播放了这篇演说，并将希特勒的讲话在报纸上全文刊载。对希特勒的战争恐吓，英国政府认为没有必要进行封锁，相反，应当让全体英国人民知道，让他们对此有所准备。

十分有趣的是，就在希特勒结束演讲后不到一个小时，英国广播公司就做出了一个强硬的而且完全是自发的回答。

英国广播公司的播音员兼记者德尔默，听了希特勒的演讲后义愤填膺，他在没有得到政府许可的情况下，就独自做出了反应。他用德语直接对元首说："对于你所呼吁的什么理智与常识，让我来告诉你我们这些英国人是怎么想的吧。元首先生，我们要把它扔还给你——塞进你那张恶毒的臭嘴里！"

丘吉尔本想对希特勒的和平建议在上、下两院都进行一场正式辩论，但同僚们都认为这样做未免小题大做。7月22日，哈利法克斯勋爵在广播中正式拒绝了希特勒的建议："除非自由确有保障，否则我们决不停止战斗。"

希特勒还没有放弃最后一线希望，他派人继续在幕后进行外交活动。

8月3日，瑞典国王认为和英国政府商谈此事的时机已经到了，并试探英国的态度，但英国外交部门则照样给予了强硬的回答。

在英国外交部发言人谈话后，丘吉尔也向新闻界发表了声明：

> 首相希望大家了解，德国企图进攻的可能性决没有完结。德国人正在散播谣言，说他们不打算进攻，对于他们所说的话，我们历来表示怀疑，对于这个谣言就更应该加倍怀疑了。我们感觉到，我们的力量在日益增长，准备也日益充分，但决不可因此丝毫放松警惕，在精神上有所松弛。

英国人的这种态度，使许多德国人难以置信。"你能理解那些英国傻瓜吗？"他们不禁互相询问，"现在还拒绝和平，他们是不是发疯了？"7月22日哈利法克斯在广播中拒绝了希特勒的和平建议后，德国政府发言人更是向新闻记者们大呼小叫："哈利法克斯勋爵已拒绝元首的和平建议。先生们，将要打仗了！"

英国人的民族反抗精神和钢铁般的意志，令德国参谋部的大部分人惊讶不已。但是同时，德国的高级将领们也松了一口气，因为事到如今，他们又可以打开希特勒已关上的刹车，使纳粹的战争机器再度运转起来。

对于希特勒的演说，虽然英国人不以为然，可德国将领们却为之一振。因为希特勒在演说时宣布，他要把手下的十几位将军提升为陆军元帅，以嘉奖他们在征服波兰和法国时的功绩。被提升的十几位元帅中，有三位是德国空军的将军：米尔契、凯塞林和斯比埃尔。

几天之后，戈林开始工作了。8月6日，他召集手下的空军高级将领，其中包括刚提升的陆军元帅米尔契、凯塞林和斯比埃尔，在东普鲁士那幢豪华的乡村别墅卡琳庄园举行了一次会议，这个别墅是戈林以他前妻的名字命名的。

戈林在会上宣布，从现在开始，对英国空军防卫力量的攻击将要逐步加强，直至摧毁皇家空军。德国空军将全力以赴地进攻英国。行动开始的时间称为"鹰日"，定在8月10日。

戈林还宣布说："我已告诉元首，英国皇家空军将及时被消灭，以使'海狮'行动能在9月15日之前进行，那时，我们的德国士兵将在英国本土登陆。"

戈林还不经意地补充说："我认为我给空军用来消灭英国皇家空军的时间绰绰有余，德国空军的力量，一定能在9月15日之前使英国陷于不堪一击的绝境。"

当有人提醒他不要低估了英国皇家空军的力量时，他语调傲慢而轻蔑地说："德国在各个方面都优人一等，无论是飞行员的素质还是飞机的性能。而且，德国空军在数量上比皇家空军占优势，至少是2∶1，这样德国就有足够的后备力量作为后援。"

后来的事实证明，这位帝国元帅所作的乐观估计是完全错误的。他对英国实力的轻蔑估计将使他和他的德国在今后的几周和几个月内付出惨痛的代价。

第四篇
全民动手御强敌

　　对于英国人来说，1940年的夏天是一个极不寻常的夏天。在整个炎热的夏季，誓死抵抗、保卫家园的战斗气氛，笼罩着这个近1000年未遭侵略的古老帝国。准备战争的热度，甚至高于太阳照射的热度。

第四篇 全民动手御强敌

一、严阵以待

英国人民具有那种既乐观又沉着的气质，有了这种气质就可挽回颓局。英国人在战前的岁月里曾陷入极端和平主义而又缺乏远见中，他们沉迷于政党政治的角逐，他们疏于防备，却又漫不经心地涉猎于欧洲事务的中心，现在他们面对着一项任务：要同时清算他们过去的善良心意和疏忽的安排了。他们一点也不感到沮丧，他们藐视那些欧洲的征服者。看来，他们宁愿血染英伦本土，也不愿投降。这在历史上会写下光荣的一页的。这一类故事过去有的是，雅典人曾经被斯巴达所征服，迦太基人曾经独力抗击过罗马，还有好多悲剧根本没有记载或被人们永远遗忘：有些英勇、自豪和遇事达观的国家，甚至整个民族遭到消灭，留下来的只是他们的名字，有的甚至连名字也失传了。

岛国的特点有其独特的军事技术上的有利条件，了解这一点的英国人并不多，而外国人则更少，甚至在战前那些举棋不定的年代里，怎样在海防以及后来在空防上保持重要设施这一点，也不是人们普遍认识得到的。不列颠人在英格兰土地上看到敌人的战火，已经是将近一千年以前的事了。

在不列颠抗战的高潮时，每一个人都表现得很沉着，宁愿豁出自己的性命去决一死战。这就是英国人的心情，全世界无论是敌是友都逐渐认清了这一点。这种心情的根据是什么呢？那就是只有用暴力才能解决问题。

事情还有另外一方面。6月间最大的危机之一是：把最后的后备部队也调到法国参加法军劳而无功的抵抗，同时，空军实力又由于出击或向大陆转移而逐渐遭到削弱。如果希特勒具有过人的智慧，他就会放慢进攻法国战线的速度，或者在敦刻尔克之后在塞纳河一线停三四个星期，同时，进行侵略英国的准备。这样，他就有很大的选择余地，使英国左右为难：或者抛弃法国，让它去受苦；或者为了英国将来的生存耗尽最后的资源。英国愈鼓动法国打下去，对它承担的支援义务就愈大，防卫英国的一切准备工作就愈加困难，尤其是更难保住有关英国生死存亡的25个战斗机中队。在这一点上，是寸步不让的，但是，如果拒绝的话，便一定会引起正在挣扎搏斗的盟国的无比愤慨。一些高级司令官在谈到当前新的大大简单化了的局面时，甚至表现出一种实际的宽慰态度。正如伦敦的一个军人俱乐部的一名侍者对一个垂头丧气的会员说："不管怎样说，先生，我们已经参加了这场决赛，而且是在咱们自家的运动场上决赛咧！"

对于英国人来说，1940年的夏天是一个极不寻常的夏天。在整个炎热的夏季，誓死抵抗、保卫家园的战斗气氛，笼罩着这个近1000年未遭侵略的古老帝国。准备战争的热度，甚至高于太阳照射的热度。

随处可见鼓动做好迎战德军入侵准备的宣传画和大幅标语，自发地保家卫国演讲和集会频频召开。人们开始在城郊和市区主要路口修筑防御工事，架设铁丝网。市民们接受政府发放的武器弹药。在伦敦广场和屋顶的平台上，民众们开始进行军事训练。连旅馆侍者也加入救护队，开电梯的服务生每逢休息日便去挖战壕……

所有的军工厂都开足马力，工人们夜以继日地加班加点生产各式武器和军用品，从飞机、大炮、坦克到步枪、子弹、钢盔……

伦敦的夏日常有晨雾，当浓雾消散时，阳光特别灿烂。碧波闪亮的泰晤士河水像条银带，把这座大都市分割开来。绿树掩隐的大街小道上，人来车往，川流不息，市区的高楼大厦鳞次栉比，远处的工厂烟囱林立，烟云缭绕。威斯敏斯特教堂尖尖的塔顶高耸入云，教堂大钟"当当"敲起来，四周教堂也遥相呼应，洪亮的钟声此起彼伏，在伦敦上空久久回响。伦敦城风景依旧，不同的是，

第四篇　全民动手御强敌

在人们的心头蒙上了一层战争的阴影。

政府颁布了许多战时法令，告诫英国市民务必随身携带防毒面具，居民外出须带上身份证、补给证和其他配给票证。工人和机关工作人员须带出入证。私人轿车的两翼和保险杠都要涂成白颜色，车灯罩上塑料遮护镜，居民寓所的窗户用一条条细纸条交叉糊上，以防炸弹震碎玻璃。家家摆满一桶桶沙子和水，以备灭火。几乎所有的家庭都开始储备食品和各种生活用品，以便在德军入侵切断补给源时，仍可维持一家人的生计。

6月28日，丘吉尔要求参谋长委员会组织坚固的防御，封锁可能遭受袭击的海滩，对东海岸的港口采取安全措施，在需要设防的海岸部署守备部队，如敌人占领某个港口，需采取坚决措施进行反击。根据受威胁程度，把英国南部作为"采取最高戒备措施的地区"。1940年夏，英国本土共有机场和油库324处，雷达站51个。海军在一些水域布设水雷，在便于登陆的海滩设置障碍，陆军则构筑坚固的防线，挖掘反坦克壕，建筑混凝土掩体。英国还实行"公民之战"，到1941年2月，共建有250万个家庭防空洞，在伦敦，80%的人可以进入防空洞。

在他经过一个小村庄时，人们很快认出了他，举帽和挥手向他致敬。丘吉尔先生似乎处于最佳精神状态之中，他对人们表示感谢，笑容满面……如果丘吉尔的微笑是一种表示满意的尺度的话，他诚然是很满意的。首相还视察了英国东北部的一个造船厂，他在那里待了一个小时，也很快被认了出来，人们大声向他欢呼……工人们的妻子聚集在造船厂的大门口，丘吉尔先生被热烈欢迎他的气氛所感动，大声问道："我们泄气了吗？"妇女们高声回答："不！"

丘吉尔还借助于广播，利用其前任从未用过的方式直接向全国军民发表演说，以坚强的决心和必胜的信念激发大家的战斗勇气。据估计，全国有64%以上的成年人收听了他于7月14日发表的广播讲话并被感动。小说家兼诗人维塔·萨克维尔曾在给她丈夫的信中写到：

"我想，人们之所以被他所使用的伊丽莎白时代的词句所打动，原因之一就是人们感到，在这些词句背后，有着像一座坚强堡垒那样巨大的力量和决心全力支持着，而绝不是字斟句酌、咬文嚼字的缘故。"

战争带来的不仅仅是双方的胜负，恐怕更多的是物质的损毁和人员的伤亡。千百年来，战争始终伴随着人类文明的每一阶段，无疑，它推动了人类的发展进步，同时也吞噬了无数的财富和肉体，这种代价是无法用数字来表示的。

面对即将来临的大战，英国政府开始了一系列的疏散行动，以充分减少物质和人员在战争中的损失量。

首先，国家银行储备的黄金开始外运。第一批黄金于7月24日装上"埃默拉尔德"号巡洋舰，运往加拿大。以后又接连用战舰或快速商船将黄金分批运抵加拿大港口，然后，再由重兵把守、戒备森严的专列把这些黄金转运到蒙特利尔大金库。为保密起见，这笔黄金在运送期间的代号为"鱼"。这是有史以来最大规模的金融运输，也是最大胆的一次金融运输。英国人实在是太幸运了，自始至终竟然没有一艘运输黄金的船遭德国海军袭击，这真是一个奇迹。这笔财富，后来被英政府用来购买美国舰艇等装备和物资，在保卫英国的战争中发挥了极其重要的作用。

其次，英国政府将撤离和疏散儿童的工作列为最紧急的任务，并且建立了专门负责儿童撤离的机构——英国儿童海外接收委员会。

撤离伦敦的计划有条不紊、井然有序地进行着。近5000名5岁至15岁的孩子被船运到大英帝国自治领地，近2000名儿童被撤运到美国，还有2666名儿童等待撤运。与此同时，在英伦诸岛，孩子们也正被撤出伦敦等城镇以及东南沿海地区。

美国政府照会德国政府，要求保证撤运英国儿童舰船的行驶安全，遭到德国的无理拒绝。9月17日，载有320名孩子的"贝拿勒斯城"号鱼雷艇被德国一艘潜艇击沉，300多名儿童丧生，只有11人生还。这一海难事件使人们不愿再冒险将孩子们送走。10月

2日，英政府停止了整个海外撤运活动。一周后，已将近千名孩子撤出英国的一些美国志愿机构也中止了有关活动。

另外，为了使居住在英国的美国人免遭纳粹战争的洗劫，5月17日，美国驻英国大使馆通知所有在英国的美国公民（大约4000人）尽快返回美国，无法回国的美国公民尽快撤离大城市和军事战略要地，去非人口稠密区居住。7月7日，美国大使馆发布特急警告："这可能是战前最后一次呼吁美国公民回国。"大多数美国公民听命回国，也有许多美国人出于对希特勒倒行逆施深恶痛绝和被英国人民的勇敢精神所感动，决意留下来和英国人民并肩战斗。7月初，留在伦敦的美国人组建了美国第1国民警备中队，该中队有60多人，中队长为美国人韦德·海斯将军，他们一律身着佩戴红鹰肩章的英国国民队队服。

二、抢筑防线

丘吉尔认为，要拯救英国，只有同美国结盟，争得美国的援助，舍此别无出路。他于5月15日在致罗斯福总统的电报中要求："借用你们40艘或50艘较旧驱逐舰，以弥补我们现有舰只和我们从战争开始时就着手建造的大批新舰艇服役之前的差缺。明年这个时候，我们就有足够的舰只了。但是，如果在这段差缺期间，意大利参加进来，又用100艘潜艇向我们进攻，我们就可能濒于崩溃。"在6月11日的电报中他再次谈到这件事情："对我们来说，最重要不过的，就是要把你们已经重新装备好的30艘或40艘旧驱逐舰拿到手。我们可以很快地给它们装上我们的潜艇探测器……今后的6个月是至关重要的。"到7月底，英国已经单独作战，并开始进行决定命运的空战，鉴于空战之后敌军有立即入侵的可能，所以他重新提出要求。丘吉尔充分理解罗斯福的困难，因此，在每次电报中都使用坦率的词句，竭力向他说明，如果英国一旦崩溃，希特勒称霸欧洲，掌握了欧洲所有的造船厂和海军，则美国将处于多么危险的境地。

丘吉尔6月间发出的电报,由于强调了如果敌人登陆成功并征服英伦,将给美国带来多么严重的后果,所以在美国的高级官员中起了相当大的作用。华盛顿要求英国保证,在任何情况下都绝不将英国舰队交给德国。

5月18日,丘吉尔再次致电罗斯福,强调"英国不久就要遭到荷兰所遭到的那种攻击……如果美国要发挥作用的话,就必须从速发挥"。罗斯福认为:"合众国眼前最有效的防御就是大不列颠成功地保卫它自己。"美国也很需要英国继续与法西斯战斗。6月间,美国援助英国50万支步枪、5.5万支冲锋枪、2.2万挺机枪、895门野战炮。9月3日,英美两国达成协议,英国将纽芬兰、百慕大、巴哈马群岛、牙买加、安提瓜、圣卢西亚、特立尼达和英属圭亚那共8个空军基地租借给美国,租期99年,美国则给英国50艘旧驱逐舰,以加强大西洋的反潜活动。9月6日,首批8艘旧驱逐舰移交给英国。

在敦刻尔克大撤退后,英国军队虽保存了一定实力,但装备大量丢弃,损失惨重。

针对这种情况,英国战时内阁采取紧急措施,加强防御。陆军计划在7月份达到44个师;空军有"喷火"式和"飓风"式战斗机620架,后备飞机289架;海军实力超过德国海军,有1000多艘巡逻艇,其中200余艘在海上巡逻,大部分驱逐舰也从执行护航任务抽回,以对付德国的入侵。英国还组织机动部队,准备打击入侵者。1940年5~8月,国民自卫军已有100万人,准备发展到150万人。为抗击德军登陆,在英国南部和东南海岸修建油池,准备在德军舰船驶近海岸时进行"火攻"。6~8月,英国计划生产飞机903架(实际生产1418架)。6月6日,第一批8个营的兵力从印度起程,7月25日赶到英国加强防务。此外,从澳大利亚抽调的部队也已起程,准备参加登陆作战。

不列颠空战前夕,英国空军部成立了防空指挥部,司令是爱德华·比尔上将,统一指挥全国所有的战斗机、高射炮、雷达和警报部队。战斗机部队共计56个中队,战斗机980架,其中性能优越的"飓风"和"喷火"战斗机600多架;高射炮部队共计7个师,高射炮4000余门,但其中大口径高射炮不足2000门,而且由于大口径高射炮月产量仅40门,短时期里数量难以增加,因此英军调整了部署,将约700门大口径高射炮配置在飞机制造厂;防空拦阻气球大队5个,拦阻气球1500余个,这些拦阻气球都系在汽车上,可以迅速转移;探照灯2700具。最重要的是英军还有当时鲜为人知的雷达部队。英国是最早将雷达投入实战的国家,至1940年7月全国共建成雷达站51座,其中东南沿海地区有38座,约占总数的75%,形成了严密的雷达警戒体系,分为两个层次,第一层是中高空防空雷达系统,能有效发现飞行高度在4500米以下的飞机,第二层是低空防空雷达系统,能有效发现飞行高度在750米以下的飞机。这样英军就能通过雷达测出德军飞机来袭的大致方位和时间,指挥本方战斗机在有利方位和时间迎击。而在雷达使用之前,通常都是派出战斗机在空中巡逻,由战斗机发现来袭敌机,使用雷达后,英军战斗机的每次起飞,都是有目的地迎战,极大减少了飞机、燃料和人员体力的消耗,很大程度上弥补了飞机数量不足的缺陷,因此雷达无疑是英军取得胜利的最重要的王牌!此外,英国还有一支人数达150万的国民自卫军,他们在沿海地区设置了无数防空监视哨,使用双筒望远镜和简易的方位测向仪,担负对空监视、警戒、救护等任务,是英军正规部队不可或缺的辅助力量。

6月25日,英国本土部队总司令艾恩赛德将军制订了防御计划,主要包括:在沿海敌军可能进犯的海滩修筑"覆盖式"战壕;建立一条穿过英国东部中心的反坦克障碍,由国民自卫军防守;后备部队部署在反坦克障碍后面,以便组织反击。在伦敦设总司令部,下设7个指挥部。

8月初,英军划定三道防线阻击德军入侵,"敌人的港口"为防御敌人入侵的第一道防线,由空中侦察机和潜艇监视获取情报,用一切兵力袭击敌船只;严密的海上巡逻为第二道防线,英军将主动截击敌入侵部队;敌人登陆地点是第三道防线,英军将组织海空军不断反击;最后是机动部队对登陆敌人进行反击。

9月间,英军在南部海岸线部署了16个精锐师,包括3个装

■ 遍布沿海地区的防空监视人员

甲旅，拥有240辆中型坦克、108辆重型坦克、514辆轻型坦克、498门反坦克炮。

9月7日20时，英本土总司令部根据参谋长委员会下达的待命指示，对东岸和南岸指挥部以及伦敦地区的所有部队发布代号为"克伦威尔"的密令，指出德军的登陆行动已迫在眉睫。

9月8日，英军参谋长委员会要求本土总司令规定一个特定的中等程度戒备的信号，以便遇到情况时能按等级加强战备。

9月11日，丘吉尔在下院指出："下星期前后，是我国历史上非常重要的时期，可以与西班牙无敌舰队逼近英吉利海峡的那些日子相提并论。"

尽管英国采取了以上措施，加强了防务，但形势仍很严峻。丘吉尔在1942年回顾这段历史时说："1940年，入侵的军队大约只要有15万精兵，就能使我们十室九空，生灵涂炭。"

三、"弩炮"计划

德军要从英吉利海峡入侵英国，必须有强大的海军力量，而德国的海军力量要弱于英国。但是，当1940年6月22日法国投降之后，法国的海军力量就成了德国海上力量的一部分了。如果这支位居世界第四的海军力量与德国海军力量融为一体，那对英国是极为不利的。为了削弱德国的海上力量，丘吉尔在战时内阁就做出了他自己认为是一生中"最违背天性"的决策——"弩炮"计划。

这个计划要求，尽可能地解除法国舰队的武装，夺取、控制法国海军的舰艇，或使之失去作用，在必要时将其击毁。战争就是这样，昨天还是亲朋挚友，今日必须将其作为敌人，甚至将其歼灭。

由法国海军让·苏尔将军统帅的一支舰队，停泊在地中海西端奥兰附近海面上。这支舰队包括法国最优秀的巡洋舰"敦刻尔克"号和"斯特拉斯堡"号，以及1艘航空母舰、2艘战列舰和一大批驱逐舰等，这是一支具有强大实力的舰队。

7月2日，英国"H"舰队萨默维尔中将要求与让·苏尔面谈，但遭到拒绝。9时30分，萨默维尔中将向法军舰队司令递交了英国政府的函件：

……我们必须真正做到：法国海军最精锐的舰只不致被敌人用来攻打我们。在这种情况下，英王陛下政府指示我要求现在在米尔斯克和奥兰的法国舰队根据下列办法之一行事：

（甲）和我们一起航行，继续为取得对德国和意大利战争的胜利而战。（乙）裁减船员,在我们的监督之下开往英国港口……（丙）随同我们一起开往印度尼西亚群岛的一个法国港口,例如马提尼克,在那里完全按照我们的要求解除舰只的武装。

……如果你们拒绝这些公平合理的建议,那么,我们谨以最深的歉意,要求你们在6小时以内把你们的舰只凿沉。最后,如果你们未能遵照上述办法行事,那么,我只好根据英王陛下政府的命令,使用一切必要的力量,阻止你们的舰只落入德国或意大利之手。

持续一整天的谈判毫无结果,在这种情况下英军只能诉诸武力。

17时24分,英国皇家海军"H"舰队向法国这支拥有岸上炮火掩护的舰队发起了攻击。从"皇家方舟"号航空母舰上起飞的飞机,向海面上的法军舰只投掷炸弹。

平静的海面顿时成为一片火海,熊熊火光映在黑油油的水面上,大火和浓烟散发出令人窒息的气味。在英国舰炮轰击10分钟后,法军战列舰"布列塔尼"号被炸毁,"敦刻尔克"号搁浅,战列舰"普罗旺斯"号冲上了沙滩,"斯特拉斯堡"号逃走……

同一天,在英国的朴茨茅斯和普利茅斯港,英国海军采取出其不意的突然行动,夺获了所有停泊在那里的法国舰只,并加以控制。在不列颠,除"苏尔古夫"号上有极少量死伤外,其余舰只都顺利移交。在亚历山大港,法国舰队司令戈德弗鲁瓦和英国舰队司令坎宁经过长时间谈判后,同意放出自己所有舰船上的燃油,卸掉大炮装置主要部分,并遣返部分船员。

7月4日,丘吉尔在下院说明了政府被迫采取这一果断举措的原因,是由于法国方面在保证舰队不落入德国人之手、保证将俘获的约400名德国飞行员送往英国、保证不单独签署停战协定、保证将停战文本事先通知盟国等所有问题上没有一项承诺得到兑现。

7月8日,英国皇家航空母舰"赫尔米兹"号向停泊在达喀尔的法国战列舰"黎歇留"号发动了进攻。"黎歇留"号被1枚空投鱼雷击中，受到重创。而停泊在法属西印度群岛的法国航空母舰和2艘轻巡洋舰经过谈判，根据与美国达成的协议解除了武装。

这样，法国海军的作战能力基本丧失，希特勒企图依靠法国海军增强自己海军实力的梦想破灭了。

第五篇
七月海峡志未酬

德国空军在摧毁英国战舰上并没有取得多大进展，同时，它也没能使英国空军战斗机飞行员疲于奔命，因为英国空军有意识地只派少数飞行员参加战斗，德国空军引诱英国战斗机起飞，想在空中加以消灭的企图也就落空。

第五篇 七月海峡志未酬

一、谁的"剑"更锋利？

1938年，英国的林德伯格上校在访德期间，参观了德国的飞机场和飞机制造工厂，他返回英国后，于9月22日给美国驻英国大使肯尼迪写了一份备忘录，在备忘录中有这么一段话：

"我敢肯定，德国的空中实力强于欧洲其他所有国家加在一起的空军总和，而德国仍在继续加强它的领先地位……只要德国人愿意，他们就足以毁掉伦敦、巴黎和布拉格。英国和法国的现代化军用飞机加起来都不够用以有效的防御和反击。"

林德伯格的这个判断传开后，使许多国家的空军军官和政府领导人都认为德国只靠轰炸机就能赢得战争的胜利。

1939年9月大战爆发后，德国空军在波兰的表现进一步巩固了它那不可战胜的形象。他们全歼波兰空军，并重创华沙。而在1940年5月，当鹿特丹市被化为瓦砾时，德国空军的强大似乎已是无可争议的了。

1940年夏，德国空军大约有4500架随时可以参加战斗的飞机，英国皇家空军只有2900架。如果只看数量不看质量，德国当然在英国之上。但是，德国飞机存在着不少的薄弱环节。

德国最好的中型轰炸机是"容克-88"，这是一种航程为2100公里、声音刺耳的高速飞机。虽然这种飞机的性能不错，但是它在不列颠战役打响时才刚刚投入生产。这样一来，德国空军中型轰炸机的主力就只有"多尼尔-17"和"海因克尔-111"了。这两种型号的飞机航程距离都比较短，而且在某些角度容易受到战斗机的攻击。

■ 德军"施图卡"式俯冲轰炸机

德国的另一种战机"容克-87"俯冲轰炸机,又称"施图卡"式飞机,在对付波罗的海上的波兰军舰、维斯杜拉平原上的波兰部队、挪威沿海的英军运输船以及比利时和法国的盟军步兵时,都十分有效。该机在下扑时可以完全瞄准目标,成了一种从空中对目标射击的大炮,所以炸弹落点极为准确,而且它的机翼装置能发出一种令人毛骨悚然的尖叫声,在轰炸目标时能给敌人造成恐慌。但面对飞行速度快的战斗机,"施图卡"则完全不堪一击,一旦它离队俯冲,用皇家空军飞行员的话来说,它就会"像蜜糖招苍蝇那样"引来敌方的战斗机。"施图卡"没有向后方射击的武器,无法赶走从后面进攻的战斗机,而且,由于它的载弹舱在机身下面,由载弹舱引起的空气阻力使它的俯冲速度相对放慢,每小时的最大速度只有240公里。这样,快速进攻的战斗机就有足够的时间追击"施图卡"。

德国空军主要的战斗机是庞大可怕的"梅-109",它的最大时速为560公里,是当时世界上空军现役飞机中最快的一种。但是,由于德国空军的发展战略是突出援助地面部队的轰炸机优势,所以没有生产出足够的"梅-109"型飞机。"梅-109"如果用来对付英国的战斗机，或用于击落英国的轰炸机，可以发挥十分出色的作用，但戈林却坚持把它作为护航机，护卫那些将在英国投下毁灭性炸弹的轰炸机机队。这样一来，就大大限制了这种飞机作战效能的发挥。当"梅-109"的飞行员被迫飞在轰炸机旁当保镖时，他们就觉得自己像一匹小马驹，跟着一群嗜血成性的野牛当侍从，毫无用武之地。

"梅-109"有一个致命的弱点，就是它的航程太短。这种单引擎飞机，只能携带飞行80分钟航程的燃料。即使让它从离英国最近的法国基地起飞，在上升到足够的高度并飞到英国海岸时也需要30分钟，返回基地再用30分钟，在英国上空作战的时间就只剩下20分钟了。在不列颠之战中，有大量的"梅-109"飞机没有飞回并不是因为它们被击落，而是因为它们的燃料已耗尽。

为了弥补"梅-109"的不足，德国空军生产了"梅-110"。这是一种航程几乎为"梅-109"两倍的双引擎飞机。但是，它的最高时速仅为500公里，与即将和它作战的英国"喷火"式飞机相比，每小时慢50公里。而且"梅-110"体形大，容易被发现和受到打击，它很笨重，不能很快加速。

虽然存在着这些不足，但德国集中在被占领地区用以对英国实施最后一击的庞大机群，仍是一支令人胆寒的力量。戈林和他的将军们完全有理由相信，这支力量马上就会使英国人屈服。参战的德国飞行员们也认为，在德国空军与胜利打开入侵英国的大门之间所存在的，只不过是一道虚弱的皇家空军防线。

英国皇家空军的实力究竟如何呢？

自从战争爆发以来，"飓风"式飞机一直是英国皇家空军的主力。这种飞机坚固可靠，实际上是一种能在空中飞行的炮台。较早的型号装有8挺机枪，后来又增加了4挺。到1940年，有些飞机还装上了20毫米的火炮。但是这种飞机有三个较严重的缺陷，一是它比"梅-109"的速度稍慢一些，二是它的有效飞行的最高限度比"梅-109"低，三是它有一个盲点，敌机可以利用这个盲点从上方偷袭它。

皇家空军的另一种飞机"挑战"式是和"飓风"式大小相近的双座飞机，但它没有"飓风"式座舱后的盲点，而且它尾部装有一部4挺机枪的装甲炮塔，火力范围很广。只要德国飞行员将这种飞机误认为是"飓风"式，想从背后袭击时，它就会狠狠地教训他们一顿。但是，一旦德国人学会辨别"挑战"式，这种飞机便很容易受到攻击了。它的飞行速度和爬高速度较慢，而且还缺乏灵活性。

在这里，需要多用些笔墨来介绍一下英国的另外一种主力战机，它也是不列颠战役的空中明星，及皇家空军的空中"利箭"，这就是"喷火"式战斗机。

"喷火"式战斗机是由超马林公司的S系列水上飞机改造而来的，有良好的研制基础，因此性能比"飓风"式飞机更加出色。

■ 不列颠空战的两大王牌，"飓风"战斗机（近处）和"喷火"战斗机（远处两架）。

20年代初，超马林公司的天才设计师米切尔曾设计制造成了超马林S-5型水上单翼轻型机。这种飞机以速度奇快见长，问世后立即代表英国参加施奈德杯世界飞行竞速比赛。施奈德杯比赛是当时世界上最具权威的飞机比赛，赛制规定，第一个连续3届获胜者将永远持有奖杯。1927年，S-5型首次参赛，即以500公里时速夺魁。1928年至1929年，该项记录被意大利的"马基"式飞机打破，超马林公司在S-5型飞机的基础上又发展了S-6型飞机。1929年至1931年连续3次参赛，次次获胜而归，创造了时速608公里的世界纪录，将施奈德杯永久捧回了英国。后来，它又把时速提高到了640公里。

领受研制新机的任务后，米切尔以S-6型机为原样机，设计出了"喷火"式的原型机。1936年3月5日，原型机试飞成功，飞出了554公里的时速，令人刮目相看。

1938年9月，首批"喷火"式机开始在皇家空军服役，编成飞行中队。此时，英国首相张伯伦正在德国慕尼黑与希特勒、墨索里尼沆瀣一气，策划出卖捷克斯洛伐克，企图靠牺牲他国利益来避免战争，换取自己的平安。在"祸水东引"的绥靖主义甚嚣尘上的年代里，"喷火"式机的诞生有着不同寻常的意义。多少年以后，英国人士在经历了二战的艰险岁月时总算看到了它的价值，无不为"喷火"式机冲破绥靖主义的禁锢及时降生感到庆幸。战史学家亨利·莫尔说："大不列颠之所以能拥有堪与"梅-109"相匹敌的战斗机，完全归功于少数有远见的皇家空军军官和爱国人士的努力。"

"喷火"式战斗机装有一台世界名牌发动机，即英国最新型PV-12水冷活塞发动机（后改称"梅林"发动机），它的强大马力达到1030匹，带动一副4叶螺旋桨。它的气动布局和构造设计也十分成功，不仅赋予其漂亮的外观，而且给了它良好的性能。它的机头呈半纺锤形（半椭圆形），因此机身正面阻力较小。发动机安装在带支撑架的防火壁上，背后便是半硬壳结构的中、后部机身。它是英国第一种设计成功的采用全金属蒙皮的作战飞机。

"喷火"式机的飞行性能，在二战中始终是第一流的，与同期德国主力机种"梅-109"相比，除航程、装甲、俯冲时的供油等方面略有不及外，在最大时速、火力强度，尤其是飞行机动性方面均遥遥领先。由于"喷火"式机的翼载较"梅-109"低，因此在与采用"高速进入，一击就跑"战术的德国战斗机格斗时，常能通过机动夺取攻击主动权，以达到保存自己、消灭敌人的目的。"喷火"式机可以在战斗中迂回到"梅-109"飞机的侧翼或混战中绕到"梅-109"的后面去进攻，这使它具有决定生死存亡的优势。在不列颠之战中与"喷火"式机交过手的德国王牌飞行员（驾驶"梅-109"）奥斯特曼中尉曾说过："'喷火'式战斗机非常灵活，适合飞特技，翻筋斗、作横滚都很拿手，并能在做这些特技的同时进行射击，可把我们吓坏了。"当然，"喷火"式机也有一个严重的问题，它的引擎没有注入燃料的功能，因此，当"喷火"式机进行垂直俯冲时，它容易突然熄火，常常造成机毁人亡的可怕后果。

英国不仅在飞机质量上超过德国，而且它还有一个"空军力量倍增器"——雷达。英国的官员把他们的雷达系统叫作"看不见的堡垒"。

■ 英军雷达系统

雷达既是 20 世纪军事科技最辉煌的成果，也是 20 世纪最伟大的发明之一。雷达一出现，就向人们显示了它那不凡的能力：它可以探明远距离的物体，并通过分析这些物体表面反射回来的超高频无线电波，判断它们的方位和速度。雷达的使用，彻底改变了空战的面貌。但是，在 1940 年，这种了不起的设备还是一个比较新鲜的事物。

德国人虽然也知道雷达，但它的不幸在于把发展雷达系统的计划交到了海军手中。尽管希特勒的海军将领们也认为这种设备在海上侦察中很有用,但他们没有意识到它在空战中的重要性,因此投入的研究和生产力量远远不够。英军把自己的雷达系统称为"弗莉娅","弗莉娅"是传说中专门保护战死者的女神。

德国人一直十分关注英国人在雷达研究方面的进展。1939年春末,德国曾派他们的大飞艇"齐普林伯爵"号飞过北海,在英国海岸附近游弋,记录所测到的英国雷达波的范围和频率。就在这时,由于飞艇下面的吊篮里所安装的接收器出了毛病,飞艇上的飞行员什么都没听见。当时,英国的雷达监测员正在他们的屏幕上跟踪"齐普林伯爵"号产生的巨大信号,当他们从德国飞艇传回基地的信号中知道德国飞行员一无所获时,欣喜若狂。

1940年夏,在各地的雷达站里,英国监测人员已经开始警惕地注视着英国上空了,从英吉利海峡沿岸的顶西端一直到北海。这些雷达站监视德军飞机在被占领的法国上空的活动,并把这些飞机的活动报告给伦敦城外本特利修道院的皇家空军战斗机指挥部的中心监测室。

本特利修道院是一幢18世纪的宅第,那里曾住过惠灵顿公爵和尼尔森勋爵这样的客人。这幢被人废弃的破房子,历经沧桑,现在选它为新的目的服务,作为指挥英国空军防御行动的绝密中心,使它又获得了新生。在监测室里,"空军妇女后援队"的成员们根据海岸雷达站传来的报告,在雷达监视地区的巨幅测绘图上及时移动飞机的标记。在监测室的一个观望台上,空军指挥人员可以看到他们下方那张巨幅的测绘图。就在德国机队从法国升空并开始爬坡时,"空军妇女后援队"的成员就着手在测绘图上移动标记了,与此同时,皇家空军的战斗部署也形成了。而在这时,入侵的德国飞行员还蒙在鼓里。

德国空军的初期进攻作战收效甚微,在一定程度上也可以从一些统计数字上衡量出来。从7月10日黎明到8月12日黄昏,德国飞机几乎每天都在海峡上空突击运输船只。在这30多天里,英国战斗航空兵在昼间共出动1.8万多架次,平均每天约530架次。德国空军的出动架次数量不详,但看来要比英国少些。即便如此,英方在局部还是经常处于数量上的劣势地位。在昼间战斗中，英国战斗航空兵仅损失飞机 148 架，其中将近半数是在 8 月第二周的 3 天之内损失的。撇开统计数字不谈，不列颠战役的初期阶段对于进攻的一方也没有什么好处，因为正如前面已经指出的，它使英国战斗航空兵学会了一些有用的东西，而德国空军的作战方针却并未因此而有所改进。

英国防空配置的主要缺点，除了技术装备上的某些不足之处外，仍然是雷达操纵员有时不能可靠地报出敌机的高度和数量，以及各个作战大队有时不能够派出足够多的兵力去迎击敌机。出现这种情况的原因，大多数是由于雷达荧光屏的显示混乱或显示情况不完全。测高不准的原因，往往是由于从发现情况到将该情况在指挥所标出之间有一个时间间隔。来袭的敌机在飞越海峡时可以很快地爬高，因此，即使雷达站报来的最后一个情况是很有根据的，但是大队的指挥人员也难以肯定敌机就是在原来的那个高度上。总的说来，他所采取的比较保险的办法，就是命令他的战斗机飞向比敌人高得多的高度，以减少遭敌人攻击的危险。但是在多云的天气条件下，这样做的结果又有可能完全错过了敌人，纠正的办法就是要根据各中队汇报的情况对敌人的行动规律进行仔细的研究，做出准确的情况判断，并增强飞行员与指挥人员之间的相互信任。

二、不停歇地造飞机

在不列颠战役开始之前，德国人一直认为英皇家空军的飞机在 5 月 10 日以来的战斗中伤了元气，基本丧失了作战能力。其实并非如此。

在德国闪击法国的作战中，英国的战斗机的确受到了重创。仅在头三天里，皇家空军就有 232 架战斗机被击落，随着战斗越打越激烈，这个数量也在不断上升。法国的军政领导人迫切要求皇家空军派出更多的战斗机去法国上空战斗。丘吉尔在答复法国领导人的要求时，向他们保证将派出更多的飞机飞过英吉利海峡。如果丘吉尔真的信守了这个诺言，那么皇家空军的战斗机可能已经被一网打尽了。但是，皇家空军战斗机总司令、空军上将道丁警告丘吉尔，如果他在这个为时已晚的时刻继续向法国派出更多的飞机，那么"无论是在法国，还是在英国本土，我们都将失去空战能力"。道丁把援助一个已经战败的法国的政策称之为"浪费"，他要求把皇家空军的战斗机留在国内，准备迎接英国自己迫在眉睫的苦战。

5月16日，在英国的一次内阁会议上，道丁带来了一张皇家空军迄今在战争中所损失的图表。道丁警告说，如果继续让战斗机到法国去冒险，图表上的那条线就会马上降到零点，而且"在法国的失败将连累这个国家遭受全面的、无法挽回的失败"。道丁说，反之，如果国内保持一支足够的战斗机队伍，如果皇家海军的损失不算太大，如果地面上抵御侵略的部队组织得当，"我们也应该能单枪匹马地打一段时间，即使不能永远打下去"。

道丁此时已是58岁的老人，在皇家空军有"古董"之称。但这个绰号是根据他滴酒不沾的生活方式送给他的，而不是对他指挥作战的看法。虽然他是第一次世界大战时西线皇家飞行军团的老兵，但从来没有人因此嘲笑他是"持操纵杆的那一代人"中的遗老。在热心推动皇家空军的现代化方面，他比他的许多年轻同事更积极。多年来，道丁一直在为英国空军拥有最先进的战斗机而奋斗。他曾逼着航空部给新式飞机装上防弹挡风玻璃，而那些官僚们却认为这是一笔不必要的开支。道丁大发其火，他情绪激烈地说："我真是搞不懂，为什么芝加哥的飞车党可以有防弹玻璃，而我们的飞行员却不行！"

由于道丁的努力，飞机最终没有被派出。但是，为了赶走德国空军，保护在英吉利海峡穿梭来往的救援船只，皇家空军进行了好几场损失严重的恶战，损失了106架战斗机和75名飞行员。即便如此，回国的士兵仍然抱怨皇家空军没能为他们提供更多的保护。加上5月10日德国"闪电战"开始以来的其他损失，皇家空军全部的战斗机减少了1/4。6月5日，当最后一批船从敦刻尔克回到英国港口时，英国只剩下466架可以服役的战斗机，另外仅有36

架备用机。

应当说，在这时候，德国空军占有较大的力量优势，尤其是数量优势，如果双方在这种态势下交手，德国空军的胜数要大得多。但是，后来出现的两个重要因素，使将要山穷水尽的皇家空军绝处逢生。

首先，希特勒没能在敦刻尔克胜利之后立即进攻英国，这给了英国人一段喘息的时间。"乘胜追击"是用兵的基本原则，如果德军在占领法国后能遵循这一原则，立即对英国发动全面入侵，不仅有可能将皇家空军一举歼灭，而且有可能从总体上将英国打败。但是，希特勒为了他的东线战略，没有这么做。英军利用这段时间，整顿军队，恢复士气，加强训练，并充分做好了抗击德军从海上入侵和从空中进攻的各项准备。

其次，61岁的实干家、出生于加拿大的报刊发行人比弗布鲁克受命负责英国的飞机生产。他提出的每周工作7天，"不停歇地工作"的计划，振兴了英国的飞机工业。为了收集制造飞机所必需的铝，他呼吁英国妇女把家里所有带这种金属的东西统统拿出来，结果回收了大量的铝锅、铝盘、铝水壶以及吸尘器和浴室设施。在敦刻尔克撤退后的那个月里，英国工人为皇家空军制造了446架新战斗机，比德国人那时为德国空军生产的至少多出100架。另外，加拿大和美国的飞机也陆续运到了英国，使英国空军飞机的数量有了很大的增加。

这样一来，德国就丧失了彻底打垮英国空军的最好时机。

三、空战序幕拉开

1940年7月，英德双方的空军首先摆开了决战的架式。

参加空袭英国的德国空军部队共有3个航空队。第2航空队司令为凯塞林元帅，司令部设在比利时的布鲁塞尔附近，负责攻击英国东南部的广大地区；第3航空队司令为斯比埃尔元帅，司令部设在巴黎市郊，负责攻击英国西南部地区；第5航空队司令为施登夫大将，司令部设在挪威，负责攻击英国的东北部。在比利时和法国北部的德军第2和第3航空队，共有轰炸机1232架、俯冲轰炸机406架、远程侦察机65架、战斗机1095架。在挪威的第5航空队有轰炸机138架、远程侦察机48架、战斗机37架。3个航空队总计有3021架飞机。

英军参加抗击德军空中进攻的主力是战斗机航空兵，共有4个航空队。第10航空队司令为布兰德空军少将，下辖4个中队，有战斗机48架，负责英国的西南地区；第11航空队司令为帕克空军少将，下辖22个中队，有战斗机228架，负责英国的东南地区；第12航空队司令为马洛里空军少将，下辖14个中队，有战斗机168架，负责第10和第11航空队以北的中部地区；第13航空队司令为索尔空军少将，下辖14个中队，有战斗机168架，负责英国的北部地区。英国战斗机航空兵共有54个战斗机中队，612架战斗机。

为了夺取制空权，确保"海狮"计划的实施，戈林和他的顾问们把空军进攻英国的战斗分为三个阶段。

第一阶段主要在英吉利海峡上空进行，目的是击沉英国的所有商船，打击皇家海军的舰只、基地和设施，将企图阻止德国这些行动的皇家空军战斗机予以消灭或逐出天空。

第二阶段是大规模地猛攻英国空军，通过庞大的轰炸机和战斗机综合作战，摧毁皇家空军的机场、防御工事和飞机制造厂，使英国空军陷入瘫痪。

在第三阶段，也就是最后一个阶段，德国空军将掩护协助"海狮"行动的实施，由帝国的混合武装占领英伦三岛。

戈林和他的助手们预计，第一阶段征服英吉利海峡的作战不会太困难，用不着动用第2、3航空队的全部力量去完成。因此，他们将这项任务交给了两个飞行队，一个是洛泽将军领导的飞行中队，基地在加来多佛尔海峡；另一个是由里希特霍芬将军指挥的飞行中队，基地设在勒阿弗尔。里希特霍芬是德国运用俯冲轰炸机的头号专家。

德国空军的战略家们认为，第一阶段最易得手的部分就是封锁30多公里宽的多佛尔海峡，从大西洋驶来的所有英国船队都必须通过这里进入伦敦港。封锁多佛尔海峡的任务，交给了洛泽将军的一个部下芬克上校。

1940年7月10日，不列颠空战的序幕拉开了。

■ 德轰炸机群

7月10日，受来自大西洋北部低气压的影响，英格兰岛的大部分地区都下着倾盆大雨，只有紧挨英吉利海峡的小岛东南部和多佛尔一带乌云密布，小雨连绵。中午刚过，海峡上空的云雾便掀开一角，偶尔露出一片晴空。飞行在海峡上空的德国侦察机突然发现了一支英国大型沿海护卫船队，正从福克斯顿驶往多佛尔，船队上空还有英国战斗机护航。当得到英国船队航行的情报后，德军不顾此时天空低云密布，立即调集了20架轰炸机和40架左右的单发或双发（动机）战斗机在空中组成了一个立体编队，向英国海岸扑去。英国船队一发现德军飞机，立即散开，并全速前进。船上的高射炮也以密集的火力射向空中，顿时在德军飞机编队附近，出现了一朵朵高射炮弹爆炸的烟云。看到德军飞机来袭，担任掩护船队任

第五篇 七月海峡志未酬

务的英国空军第 32 中队的 6 架 "飓风" 式战斗机在比金·希尔率领下腾空而起，飞行员们准确地向敌机逼近。德军轰炸机飞行员见英军飞机不多，仍坚持对英国船队进行第一轮投弹，商船周围立即炸起了一个个水柱。英国飞行员驾机在德军轰炸机后面紧追不舍。此时，德军飞行员为了干扰英军战斗机截击，实施左右机动飞行。可是，英军战斗机紧紧咬住德军轰炸机不放，把它死死地套在射击环中，猛烈射击。英国空军在数量上处于绝对劣势，正当英国空军拼死作战，寡不敌众时，突然又一群矫健的战鹰冲入德军的机群，向它们射出了愤怒的子弹，顷刻之间德军突然感到空中到处都是敌机。原来，当德军飞机编队刚一出发，英国本土的几个雷达站就发现在法国加来上空有大批敌机集结。于是，一大批英国 "喷火" 式战斗机立即从拉姆斯格特附近的曼斯汤机场迅即起飞迎战，以便支援运输船队。这次空战，英军大获全胜。英国飞行员全部安全返回，船队闯了过去，只有一条船被击中。

7 月 11 日，德军空军司令戈林发出了新的、更加具体的命令：攻击英国海岸护卫队，诱出英国战斗机。英国战斗机司令道丁识破了德军的意图，只是派一小部分战斗机出来应战一下就走。他现在要把在敦刻尔克和法国北部的损失夺回来，他要重新组建一支强大的战斗机部队。他需要的是时间，哪怕一个星期也好。一切迹象表明，德军将要进攻英国本土，道丁元帅希望他们来得越迟越好，他可以用重建的英国战斗机部队对付他们。正因如此，每次战斗英国都慎重用兵，以致商船遭受不少损失。对此，英军战斗机飞行员无法忍受，他们感到对不起国民，因此，多次请求起飞作战，道丁仍然没有批准。自从 7 月 10 日的第一场大战之后，在随后的 10 天里德军不断空袭英国运输船队，使用的兵力也日益扩大，皇家空军损失了 50 架战斗机。7 月 20 日，有 6 位皇家空军的飞行员身亡，这是迄今伤亡人数最大的一次。德国欣喜若狂，英吉利海峡上空的战斗似乎正在按德国人所希望的那样发展。此后的英吉利海峡空战几乎每天都有，从 7 月 10 日至 31 日德国损失 180 架飞机，其中 100 架是轰炸机；英国损失 70 架战斗机，约 4 万吨货船被击沉，但是皇家海军的舰艇完好无损。因此，就战斗机的损失而言，双方不相上下，打了个平手。德国空军在摧毁英国战舰上并没有取得多大进展，同时，它也没能使英国空军战斗机飞行员疲于奔命，因为英国空军有意识地只派少数飞行员参加战斗，德国空军引诱英国战斗机起飞，想在空中加以消灭的企图也就落空。英吉利海峡上空的初战失败并未能打消希特勒吞并英国的野心，相反，他希望"德国空军对英国的伟大空战"立刻开始。

四、空中格斗

7月11日，空战继续在英吉利海峡上空进行。

这一天，单架的德国飞机穿梭不息。英国空军也派遣单架飞机对付它们。通常，各中队长都是亲自出马，担任空战任务。

一大早，皇家空军第85中队的中队长汤森德就坐上他的"飓风"式飞机，冲出地面的雾气，爬升到低云层及大雨中。

空中管制官把它导向3000米的云层中，去拦截一架德国轰炸机。这架飞机刚刚在英国港口投完炸弹。它一共投下了10枚50公斤重的炸弹。

德机的机员们洋洋得意，他们对这次突击甚觉满意。在返回的路上，他们放声高歌"再会吧，朋友"……

云和雨增加了搜索的困难，汤森德累得两眼流泪。他从挡风玻璃的雨刷中望出去，几乎什么也看不见，因此，他揭开座舱罩，把头伸出舱外的滂沱大雨中。

突然，德国机枪手打断了其他人的歌声，他大叫道："注意，猎人！"

几乎在同时，"猎人"汤森德也看到了那架德国轰炸机。那架飞机就在他的左下方不远处。

汤森德一压机头，向德军轰炸机扑了过去。

德国轰炸机看到英国战斗机扑来，急忙采取措施应战。

汤森德用瞄准器"套"住德机，按下的机枪射击按钮很长时

间才松开。

"飓风"飞机上的白朗宁机枪一口气发射出几百发子弹,击中了那架轰炸机。

在轰炸机里面,到处是碎片,几乎每个德国机员脸上都沾满了血迹。空气中弥漫着火药味,所有的窗户都被击碎了。机员中的右后机枪手头部中弹,倒在地板上。接着,另一名机员头部及喉咙中弹,倒在他的身上,血流满地。

但是,那架德国飞机仍在昂然飞行,并一直飞回了德军机场。有位德军机员后来回忆说:"汤森德赏了那架飞机220颗子弹,它仍飞回了基地,生还的机员们笑数着机身上的弹洞,他们都感觉自己很幸运。"

德国的轰炸机非常结实,承受得起大量枪弹,尤其是小口径子弹。这种飞机之所以结实,不在于稳固的线路和木质翼梁,而在于这些金属造的轰炸机有装甲保护,重要的部位都有双重装置。尤其可贵的是它有自封油箱。在其简单的层面结构中,中间一层是生树胶,当燃油从漏孔中流出时,生树胶即溶解、膨胀而密封漏孔。这天的事件证明,这种装置非常有效,使得严重受创的轰炸机仍能返回基地。

汤森德的机枪不但未能击落那架德国轰炸机,相反他的飞机的冷却系统挨了敌机机枪射出的一颗"幸运弹"。当他距离英国海岸还有35公里时,发动机不转了。汤森德跳伞后,一艘拖网船驶进水雷区把他救起。

在汤森德起飞后不久,另一个皇家空军的中队长也奉命起飞。他是赫赫有名的贝德。贝德在战前就是战斗机飞行员。在一次飞行意外事故后,他的双腿被锯掉。但战争爆发后,他又获准加入英国空军,再度驾驶战斗机。

大约7点钟,贝德在飞机附近的疏散区小屋中接到电话,有一架德机沿海岸线飞近英国海岸,管制官希望派"飓风"式战斗机拦截。贝德注视着天空的低云,判断"飓风"式战斗机无法编队飞行,乃决定自己单刀赴会。

他的对手是德国第261气象侦察队的轰炸机。这是一架德军王牌飞机，它曾击落过两架英国"喷火"式战斗机，其中一架系由皇家空军第66中队的中队长驾驶，中队长的油箱被击中。这一次，贝德决心为皇家空军报一箭之仇。

贝德升空后认真搜索，终于发现了那架德国轰炸机。此时，贝德恰好在一处云基下面，德机没有发现他。贝德从容不迫地向德机接近。

800米……700米……600米……500米……400米……离德机还有300米了，德机还没有发现他。贝德沉住气，继续向德机接近。当他到达德机后面250米处时，德机发现了他。德机后机枪手随即开火。

当德机转向时，贝德射出两串子弹。

德机略作爬升，钻入云层中。

贝德诅咒着，飞回基地，并报告敌机已逃逸。

但稍后不久，电话里传来敌机在他射击后不久即坠入海中的消息。贝德谦虚地说，这是幸运之神助他一臂之力。毫无疑问，他的成功来自他的技术及经验，仅凭运气是不足以立此大功的。

几天后的7月28日，风云消散，天空再度放晴。大约午后两点，正是英国人在餐桌旁进行周日午餐仪式的时候，这时发生一件空战中空前绝后的事：英德两位空战英雄在战斗中针锋相对。

"水手"马兰是南非人，第二次世界大战结束时，他是同盟国中几位积分最高的空战英雄之一。他对于英国空军的战术及队形曾有很重要的影响。

马兰出生于南非威灵顿，他身材魁梧，脸上经常挂着和蔼的笑容，任何人也无法从他的外表看出他心中对德国人的深仇大恨。他对他的伙伴说："重创敌人轰炸机使他们返回基地时死在机上，或濒临死亡，比击落他们还痛快，因为这样更能打击德国空军的士气。"他正是这样做的。

在1935年志愿加入英国空军之前，马兰是一名商船官员。根据他的飞行教官评语，他是一位禀赋优秀，异于常人的飞行员。1940年5月他参加作战时，已是一位飞行小队长。

这一天挨马兰子弹的德机，竟是德国战斗机飞行员中备受尊敬的传奇人物莫德斯。他们两位皆被视为第二次世界大战中最伟大的战斗机飞行员。

莫德斯年轻英俊，有着迷人的脸庞、大大的眼睛。他是个内向的人，严肃的举止使他获得一个外号"老爹"。

1940年之前，莫德斯的航空日志内就记载了歼灭敌机18架的战斗记录。他不仅是一位顶尖的空战英雄，还是一个优秀的行政官和热心的教官。

1940年，德国空军决定把大家梦寐以求的铁十字武士勋章，颁授给击落敌机20架的飞行员。莫德斯是第一位获得这枚勋章的人。他在29岁生日之前，已被擢升为"战斗机将军"。

在莫德斯看来，7月28日这天是个吉祥的日子，因为这是他担任德军第51战斗机队长的第一天。这一天，他由于成为德国空军最年轻的队长而洋洋自得。

莫德斯率领着4个中队的"梅-109"战斗机向英吉利海峡飞去。

对德军战机行动了如指掌的英国战斗机司令部命令"喷火"式战机迎战它们，而以"飓风"式机对付德国的轰炸机机队。

马兰驾驶着"喷火"式飞机领队飞行。接近德军机群后，他瞄准一架飞机开火，眼看着那架飞机栽落下去。

莫德斯是德机领队，他在指挥机群保持队形，与英机对抗的同时，转弯机动到一架"喷火"式飞机的后面，轻而易举地将其击落。这是自战争以来莫德斯第129次执行战斗起飞任务，击落的第26架飞机（不包括他在西班牙击落的14架敌机）。

莫德斯掉转回来，寻找他的第27个目标。此时正好与马兰相遇。

莫德斯与马兰的速度都很快，但莫德斯稍快一些。

正当马兰在数着战果时，莫德斯已悄然跟在他后面了。

当马兰猛然发现身后的莫德斯时，情况已经十分危急了。他立即做出一个十分熟练的空中规避动作，甩掉了莫德斯，并从后面咬住了他。

马兰果断射击，机枪子弹扫中了莫德斯的飞机。如果马兰的

"喷火"式机上装的是 20 毫米机关炮，莫德斯便休想驾驶他那架千疮百孔的飞机飞回基地。

当莫德斯在机场着陆时，他的腿伤相当严重，必须住进医院。莫德斯的第 27 个目标，看来只能顺延到另一个月份了。

五、交手后的反思

在 7 月的战斗中虽然英国人打了几次漂亮仗，但总的来讲，是德国人占了上风。这主要是因为德国飞行员在空中格斗技术上略胜一筹之故。

德国飞行员自西班牙内战以来，历经磨练，战术水平得到很大提高。他们的杀伤力并不是在军事操练或演习中得到加强的，而是在真正的战场上练就出来的，那是你死我活的真正战斗。

在飞往海峡与皇家空军作战的飞行员中，有几十位曾是德国空军"秃鹰军团"的成员。这是一个空战能力很强的军团，几乎所有的飞行员都有着丰富的实战经验。他们善于最大限度地利用天空、太阳和敌军弱点，各战斗机之间相互配合十分默契，并有着很强的纪律性。从技术上来讲，他们是无与伦比的——至少当时还无人超过他们。英国人很快就认识到了这一点。

与这些德国飞行员交过手的皇家空军的飞行中尉迪尔说："他们就像太阳发出的红色闪电一样向你袭来。当时，我在 54 中队驾驶一架'喷火'式飞机，亲眼看见一个战友突然被一架'梅-109'击中，飞机在火焰中坠毁。在毫无办法的情况下，我只好对着一架德军的'梅-109'撞去。随后，我的飞机跌跌撞撞地迫降在肯特郡，发动机损坏，螺旋桨也折断了。我能幸免于难真是个奇迹！"

经过几次战斗之后，英国人很快就意识到，自己在空中的战术存在着严重的问题。对此，德军"秃鹰军团"的阿道夫·加兰一针见血地指出："所有空战的第一条原则就是要首先找到敌机。要像猎人悄悄跟踪猎物那样，神不知鬼不觉地移动到最有利的位置上进行捕杀。战斗机在空战开始时要尽早地盯上对手，以便占据有利的位置发起进攻，但英国人却没有这样做。"

皇家空军的队形飞得很密，机翼挨着机翼，这在飞行表演中煞是好看，但在实战中就不灵了。为了使飞机保持密集的队形，必须小心翼翼地驾驶，照顾到前后左右，这样就没有工夫去寻找周围的敌机了。而一旦敌机冲过来时，由于相互之间的间隔很小，没有地方挪动，机动也很困难。这样，就很容易陷入被动挨打的境地。

德国的战斗机编队就不存在这个问题。德国空军在西班牙作战时就学会了以松散的队形飞行，各个机组在不同的高度侦察跟踪敌机，每架飞机之间都隔着很大的间隙。每个飞行员都可以清楚地看到本方的进攻者和将要进攻的目标，而不必担心会碰着旁边的飞机。每架飞机都可以自由地采取机动行动或对敌机发起进攻，视野和活动范围十分开阔。而且，各架飞机之间离得也不算太远，可以在作战中相互保护。

在7月10日至20日的10天空战中，皇家空军共损失了50架战斗机。大规模的空战还没有开始，如果按照这个速度损耗，将是十分危险的。

在这一阶段，皇家空军共击落了92架德国空军的飞机，但多数是轰炸机。空战能力很强的"梅式"战斗机只有28架。

7月20日，有6位皇家空军的飞行员身亡，这是开战以来皇家空军飞行员损失最大的一天。对皇家空军而言，飞行员比飞机更珍贵，因为飞行员比飞机还要短缺。

在连续遭受一些损失之后，皇家空军的指挥官迅速进行了反思。他们吸收了德国空军的许多做法，放弃了密集的队形，开始尝试新的战术。

皇家空军创造了一种新的战斗队形——"四指"队形。这种队形像一只张开的手，每架飞机各在一个指尖的位置。这样一来就改变了原来的死板队形，空战中增加了许多生还的机会。

从这时起，英吉利海峡和英格兰南部上空的激战就变成了一种现代角斗士的格斗，技艺高超的战斗机运用先进的空中格斗战术，在这里一争高低。壮观的空战在天幕上画满了一道道狂舞飞旋的烟尘。

同样，飞行员对于德国空军来说也很宝贵，因为培养一个飞行员远比制造一架飞机困难得多。而且德军认为，眼看着让那些有可能被救活的飞行员在大海中溺死，会严重影响士气。

于是，英德双方在海峡展开了一场搜寻落水飞行员的竞赛。

为了营救德国的飞行员，也为了把皇家空军的飞行员抓过来，德国人派出了刷着白漆、印有国际红十字会标志的海上飞机。这些飞机明目张胆地穿过短兵相接的空中战场，停在水上打捞飞行员。

针对德国人的这种做法，伦敦的航空部发出警告：所有"救护飞机"，只要它胆敢闯入战区，不管有没有红十字标记，统统将被击落。

英国人宣称："我们之所以采取这一步骤，是因为德军利用援救飞机报告英国船队的活动，这种做法违反了国际红十字会的协议。"而实际上，英国人是担心这些飞机不仅会救出许多德国飞行员，而且还会把溺水的皇家空军飞行员抓去当战俘。

对于掉在海峡中的皇家空军飞行员，英国主要使用摩托艇打捞。除了官方派出的摩托艇之外，还有一些小船，大多是海峡沿岸港口的渔船，这些船冒着相当大的危险去营救英国飞行员。当遇到落水的德国飞行员时，英国的救生船往往是眼看着德国人淹死不去理会。

驾驶"喷火"式飞机的皇家空军飞行员佩奇，在一次空战中飞机被敌人击中着火，他被严重烧伤。他吃力地挪动被烧焦的手，奋力打开降落伞，从飞机上跳了下来。大火烧毁了他的制服，灼伤了他的脸部和身体，他半裸着身子在海水中奋力挣扎。

剧痛之中，他模模糊糊地感到有一只船在他周围。终于，身受伤痛折磨的佩奇听见了一个声音在喊："你是谁？是德国佬还是自己人？"

佩奇过了好一会儿才吐出口里的海水，从烧伤的嘴唇里喊道："狗娘养的，把我拉起来！"

那只船立即停在了佩奇身边，几只有力的胳臂伸向他，把他拉上了船。

一个船员说道："伙计，你一张嘴骂人，我们就知道你是皇家空军的人了。"

德国空军为了在海峡上空的交战中获得更大的优势，投入了双引擎的"梅-110"飞机。但是，这种飞机的笨拙使它成了容易捕获的猎物。在遭到皇家空军的沉重打击之后，"梅-110"为了增加防御能力，遂以圆圈队形飞行，这使人想起了波尔人为抵挡祖鲁人进攻而摆的圆形阵势，还有美国西部大篷车队为防御印第安人袭击而设的队形。为了得到相互间的保护，"梅-110"不仅要放弃它们保护德国轰炸机的这个基本任务，而且也成了容易被击中的靶子，皇家空军的飞行员一次就能击落两三架"梅-110"。

皇家空军的弱点也很快被德国人发现了。德国人很快就认识到，"挑战"式飞机虽然外形与"飓风"式十分相似，但它没有向前方发射炮火的装置，炮火都是向后的，如果从正面对付这种飞机，可以轻而易举地将其制服。7月19日，9架"挑战"式飞机从面对海峡的前线机场起飞，遇上了从太阳的方向飞来的20架"梅-109"。几乎就在一瞬间，5架"挑战"式就栽进了海里。第6架想飞到多佛尔去，却在熊熊火焰中坠毁。这个飞行中队的另外3架被皇家空军"飓风"式中队营救出来，"飓风"式飞机击落了一架"梅-109"，并且挡住了其余的飞机，直到最后德国人因燃料耗尽返回法国。

虽然不列颠之战还远远没进入高潮，但英德双方的飞行员打得却都很艰苦。双方空军的绝大多数飞行员每天有12小时以上的时间都处于戒备状态，等待着起飞的命令。在肯特、萨西克斯和汉普郡的海峡沿岸战区，皇家空军的飞行中队一天要执行4次飞行任务，每次侦察一个半小时。德国空军的战斗机和轰炸机中队当时虽然没有那么辛苦，但战斗机飞行员一天飞3次，"施图卡"飞机的飞行员一天起飞两次也是常有的事。

战斗机的近距离交战是你死我活的斗争，这种短兵相接的战斗持续时间虽然很少超过10分钟，但惊心动魄的程度超出常人所想象。很有意思的是，海峡两岸的人往往能一清二楚地看到海峡上空的激战。德国士兵可以在加来和布洛涅之间的断崖上观看。英国广播公司的记者们在峭壁上进行现场连续报道和评论，使不能到现场的英国人也如同身临其境。

在7月的大部分时间里，天空温和晴朗，但不时也有一阵阵的雨水洒过海面。早晚的雾气遮住了海岸线，寒风吹过英吉利海峡，聚集起夹有雷电的乌云。当风暴突然袭来时，迫使德国人不得不取消作战行动。海峡的气象对英国人比较有利，因为天气的变化通常是从大西洋那边过来再向东移动的，这样皇家空军就能比德国人先了解天气情况。但是，德国人除了最恶劣的天气之外，其他天气都要采取作战行动，因为戈林想速战速决。

在德国人看来，空战似乎正在按照他们的计划进行着。戈林的情报专家们不断地向他保证，皇家空军的指挥官为了拼死抵御入侵的先头部队，正在把他们所有的战斗机投入海峡上的战斗中。但是，戈林仍然不放心，为了防止英国人保留后备力量，他要求凯塞林和斯比埃尔两位元帅竭尽全力引诱更多的英国飞机升空。这样一来，除了日常的战斗之外，德国人还运用了所谓诱敌上钩的战术，诈骗皇家空军的战斗机追赶德国飞机，一直引到"梅-109"等待伏击的法国海岸。

德国飞行员阿道夫·加兰的空战经验十分丰富，他有一套狡猾的战术，能够诱骗皇家空军最有经验的飞行员采取鲁莽行动。7月下旬的一天，加兰的飞行大队里来了一些新飞行员，加兰想让他们迅速经受战斗的洗礼，并为他们创造一次歼击的机会，使他们树立自信心。于是，他独自一人驾驶他的"梅-109"起飞了。

加兰飞过英吉利海峡，发现一队皇家空军的侦察机正在进行例行侦察飞行。此时，加兰就在英国侦察机的火力射击范围之外的附近转来转去，引诱英国人上钩。果然，其中一架英国侦察机离开机队向加兰追来。

这时，加兰马上调转方向，向法国海岸飞去，而且总是保持在追击者前面一点的位置上。与此同时，他用无线电通知他的两位飞行新手准备出击。他的这两位新手正在法国上空等待着。

上当的英国飞行员迪尔是皇家空军的空中英雄，他驾驶着"喷火"式飞机，紧追着加兰的"梅-109"并一直飞过了海峡，但是当他发现德机"几乎是一头朝下,垂直飞向机场时,才意识到那是加来马克机场",是德国空军一个主要的战斗机基地。迪尔知道自己上了敌人的当了,他立即把加速器开到最大,贴着海面往家里飞,并喃喃地骂自己:"你这个大傻瓜。"

然而,此时加兰召唤的两架"梅-109"拦截过来了。两架"梅-109"各在一边,轮番向迪尔攻击。迪尔朝着其中一架飞机猛拐过去,打散了两架"梅-109"的战斗队形。趁它们重新组队时,迪尔又掉转机头重新向英国飞去。

当迪尔看得见多佛尔的断崖时,一架"梅-109"击中了他的仪表板、座舱盖和油箱。他的手表也从手腕上被打掉了,可他在当时根本没有感觉到。等到皇家空军的飞机飞来保护他,并把那两架"梅-109"赶走时,迪尔的"喷火"式飞机已燃起了大火。

迪尔冒着浓烟大火和飞机随时可能爆炸的危险,奋力将飞机翻过来,之后安全跳出了机舱。在脱离机舱时,他的手腕被折断。

在迪尔最危险的时刻,幸运之神伴随着他。距他落地的地点50米处,恰好停着一辆皇家空军的救护车。迪尔死里逃生,并及时得到了救治。

但是,还有一些英国飞行员就没有迪尔这样幸运了,许多飞行员的座机被击落后,人也命归大海。飞行人员的不断损耗令英国空军上将道丁十分忧虑,他命令手下的各大队指挥官不要只是为了一场近距离激战就把飞机派上天去,也不要让飞行员在英国海岸的滑翔距离之外追赶敌机。他对他们说:"我要活着的飞行员,而不是死去的英雄。"

为了减少飞行员的损失,道丁指示雷达部队加强侦察和监测,为战斗飞行员们提供更加准确的空中情报。但是,由于受到当时雷达技术的限制,情报的准确性很难保证。皇家空军的飞行员发现,虽然雷达可以准确地指出敌人离他们有多远的距离,但它常常低估了敌机的高度,有时相差1500多米。后来,飞行员收到雷达监测员通过无线电传来的敌机高度情况时,就往这个高度上至少再加1500米以上,以防受到来自头顶上的伏击。

德国空军很羡慕英国人技术方面的辅助设施,一位德军战区指挥官曾沮丧地说道:"有时,当我们的小伙子投入战斗时,他们接到的最后指示已是两个小时以前的了。而英国人则可以通过耳机不断地接到指示,甚至当他们作战的时候也可以这样。"

为了抵消英国雷达的优势,德国空军的战略家们采取了蒙骗皇家空军的做法。他们派出大量的飞机升上天空,佯装出动。当英国人在雷达屏幕上看见这些飞机活动的信号后,往往就命令他们的机队起飞,等着袭击他们以为就要来的敌机。当英国的"喷火"式和"飓风"式飞机在空中盘旋,消耗掉许多燃料后,德国人则命令他们的头一批飞机返回基地,另一批"梅-109"升空向英国的飞机进攻。这样一来,英国飞机由于燃料将要耗尽,就难以与德国飞机抗衡了。

皇家空军也制定了一套新方案,用于对付德军的这套战术。按照新方案,"喷火"式和"飓风"式飞机将在英国内陆的基地和海峡附近的前线机场之间穿梭接力,这样,飞机在内陆基地时,敌人的战斗机不易到达,在前线机场时它们则可以等到最后的时刻起飞。

7月的交战就要结束了。在整个7月间,戈林接到一份又一份关于英国皇家空军伤亡数字的报告。根据这些不实的报告,戈林得出了一个错误的判断结论:不列颠战役的第一阶段已经打赢了,英吉利海峡已经被德国空军封锁,皇家空军已受重创。

然而实际情况却恰恰相反,沿海岸航行的英国船队仍在海峡行驶,而且还将继续这样做;皇家空军7月底时的前线战斗机比月初时还要多,仅在这一个月里,英国制造飞机的工人就生产了496架战斗机,是敦刻尔克撤退之前一个月生产量的4倍。

事实上,德国空军在7月的战斗,远远没有达到预定的目标。

五、交手后的反思

第六篇
戈林无能为力

　　戈林决心抓住这个机会。他命令大部分战斗机升空作战。这是自不列颠战役开始以来使用飞机最多的一次战斗。

　　戈林要把8月15日这一天变成英国人"黑色的星期四"。

　　8月15日的空战结束了，这的确是一个"黑色的星期四"。但从总的交战结局上看，德国的星期四要比英国的星期四"黑"得多。

第六篇 戈林无能为力

一、"鹰袭"计划

7月19日,希特勒在国会上针对英国问题发表新意见。事前,希特勒并没有让戈林看他的讲稿,这使在这些事情上极为敏感的戈林有些不快,随后他扬言"将以更激烈的进攻扰乱英伦整个国家"。这次戈林并没有谈及具体的行动方案,他要等希特勒最后拿主意。

7月22日,英国外交大臣哈利法克斯代表英国政府正式发表谈话,言明决不接受希特勒的和谈建议,并向全世界宣告英国将同纳粹德国血战到底。这样一来,同英国人作战就被提到议事日程上来了。但是,迄今为止,德国海陆空三军均未考虑拿出实施入侵英国的"海狮"计划的详细方案来。希特勒责成德军统帅部抓紧讨论这件事,可还是迟迟未能形成具有实战意义的方案。最后,希特勒宣布,他计划再观望一下此前为期10天的"猛烈空战"的结果。

然而,空战没有产生戈林和希特勒所期望的结果。由于希特勒对德国空军的行动作了许多限制,如禁止夜间轰炸、禁止轰炸民用目标、禁止轰炸伦敦等,就使得空军无法在英国人面前显示如戈林所说的那种"真正的力量"。戈林认为这是希特勒的一个战略错误,但又不敢同希特勒争辩。另外,他还有一个不便与外人道的心病,那就是作为主战飞机的双引擎"梅-110"和"梅-109"战斗机,在空中格斗的机敏性和燃料的携带能力方面,都有欠缺。更糟糕的是,戈林发现英国空军不但没有被摧毁,反而战斗力日益增强。他本指望利用德国空军在数量上的优势，一举摧毁英国所有的战略目标，给英国人以毁灭性打击，可希特勒一再要求再等一等看一看，结果就在这要命的等待中，英国空军的力量眼看着一天天壮大起来。直到8月1日，希特勒才下令，让戈林"在空战中彻底消灭英国空军"，可又附加了一个指示，那就是严禁对英国进行"恐怖性的空袭"。

7月底，戈林得意洋洋地把他自己统计的战果清单交给了希特勒，并请求允许他为这个战役的第二阶段准备力量。

希特勒看到戈林的战果统计不禁大喜，戈林果然没有让他失望，对于戈林，希特勒百分之百地信任，从来不怀疑他的能力。

随即，希特勒做出了一个令戈林欣喜若狂的决定。8月1日，希特勒发出全面袭击英国空军的第17号战斗命令：

为了创造最后打败英国的必要条件，我打算加强对英国本土的海战和空战。为此，我命令：

1. 德国空军要使用其拥有的所有兵力尽快打垮英国空军。德国空军的攻击首先应针对敌之飞机、空军地面部队心脏补给系统，而且还应针对敌之航空工业及生产高射兵器的工厂。

2. 一旦取得局部空中优势，空战应转而对付敌之港口，特别是对付敌之内地的给养机构及给养中心。考虑到我们将来的计划，对英国南部海岸的港口及海港的袭击应保持在必要的最低限度。

3. 为了利于实施上述指令，对敌之军舰及商船的空袭应保持在最低限度。如果出现极有利的机会，或者上述第2条规定的作战的胜利能够得以巩固，或者认为这类袭击对训练将来参战的轰炸机机组人员有必要，则另当别论。

4. 在实施这场强化的空战时，空军应始终为海军攻击临时发现的有利目标提供有力的支援。再就是，空军必须全力以赴支援"海狮"行动。

5. 以造成英国民众恐慌为目的的轰炸必须留到最后。我保留报复手段的恐怖性袭击的决定权。

第六篇 戈林无能为力

6. 8月5日是这场强化的空战发起的最早日期,但是具体日期留待空军决定,这要依空军完成准备工作的速度及气象条件而定。

同时,海军也将获准加强自己的海上行动。

德国最高统帅部选了一个"鹰袭"的名字,作为从空中全面进攻英国的代号。但是战斗打响的具体日期——"鹰日",希特勒并没有做出规定,他只是说8月5日是最早的行动日期。

8月2日,戈林在东普鲁士的一幢豪华乡村别墅召集空军高级将领们开会。会没开多久,凯塞林元帅和斯比埃尔元帅就争吵了起来。

按照任务区分,战斗打响后,凯塞林元帅和斯比埃尔元帅分别领导的第2、第3航空队将首当其冲,这两个人本来就互不服气,此时他们的观点出现重大分歧。

凯塞林主张,所有的进攻力量应集中在一个目标上——伦敦。他说:"如果我们炸死几千个伦敦佬时,英国人肯定会喊着求和。"

斯比埃尔不同意凯塞林的看法,他阴沉着脸反驳说:"在没有首先摧毁皇家空军的情况下把全部力量都用于进攻伦敦,就会上英国人的当,因为这样一来,皇家空军就可以把它的战斗机部队全集中在首都周围,进而严重破坏德国空军轰炸机的大规模进攻。"

斯比埃尔的参谋长戴奇曼也在一旁帮腔说:"这样做将极其危险,因为轰炸机将要飞出'梅-109'飞机的护航范围之外。"

凯塞林反驳说:"按照德国空军的现有力量,如果不集中攻击伦敦,根本不可能达到目的。"

此时,戈林提醒与会者,元首特别说过伦敦城在进攻范围之外。这样,才平息了这场争吵。

凯塞林仍然不服气,他又提出:"空军的进攻应集中在别的某个大城市,而不应该按斯比埃尔所主张的分散力量进攻范围较广的多个目标。对于皇家空军的基地和军需品工厂,可以放在以后的时间进行摧毁。"

但是,凯塞林的观点明显不符合希特勒的想法,因此戈林不会采纳。

为了缓和一下会议的紧张气氛，戈林提出先休息一下，去游泳。

他们来到了戈林的室内游泳池，可是还没等下水，两人又在游泳池边吵了起来。

凯塞林火冒三丈地说："我从未主张这样打英国！我一直认为，要想胜利就应该占领直布罗陀，把英国人堵在地中海里。这样他们才会屈膝求饶！"

最后，会议开不下去了，不欢而散。一直到8月6日，德国才最后确定"鹰日"的日期，时间定在8月12日。如果这一天天气好，将是德国空军全面进攻英国的日子。

二、"鹰日"激战

8月6日，戈林向各部队下达了随时准备全面出击的命令。德国飞行员跃跃欲试，一些人把不列颠岛的地图画在机身上，并加上"伦敦——8月15日——完蛋"的文字注记。

几乎在德军下达全面空袭英国命令的同时，英国的情报机关就得到了这一情报，并报告了丘吉尔。首相随即通知皇家空军说：德国空军的大举进攻就要开始了。

8月8日，英国空军上将道丁对战斗机指挥部的成员发布了一项重要命令：

"新的不列颠战役就要开始了。皇家空军的成员们，几代人的命运就掌握在你们手中了！"

8月8日，德国空军的进攻明显加强。从清晨开始，"施图卡"式飞机就不断地袭击英吉利海峡上的一支庞大的船队，而其他的轰炸机则在英国南部海岸几乎所有的港口外投放水雷。汉普郡、萨西克斯郡、肯特郡以及海峡上空的空战十分激烈。到当日黄昏，双方加起来共起飞了1000多架次飞机。在这一天的战斗中，德国空军损失了31架飞机，而皇家空军损失了19架。这是当时空战最为激烈的一天，也是双方飞机损失最多的一天。

8月10日，英国南部狂风大作，夹着雷电的乌云低悬在英吉利海峡和法国北部的上空。随后两天的天气不是多云就是有雾，飞机根本无法起飞。

此时，德国空军飞行员已经整装待发。几天拖下来，他们开始感到烦躁不安，士气受到影响。

戈林知道，如果这样拖下去，会造成官兵心理上的松懈，影响战斗力。于是，他决定将"鹰日"后延一天，宣布8月13日定为"鹰日"。

8月12日，连续几天阴雨的天气开始放晴，多佛尔海峡上空能见度良好。

碧空白云之下，一队德军混合战斗机编队贴着海面向西飞去。

不一会儿，驾驶战机的鲁本斯德尔法上尉就清楚地看到了英国海岸的悬崖峭壁。当飞机大约飞到海峡中间时，他对着话筒下达了命令：

"第3中队注意，前往执行特殊任务。预祝成功！"

第3中队长海因茨中尉回答了个"明白"后，就率领8架"梅-109"式飞机，直接飞向多佛尔。

鲁本斯德尔法带着12架"梅-110"式飞机向左迂回，沿着英国海岸飞向西南。

虽然这两种飞机都是战斗机和驱逐机，但这次却不用于空战。它们机翼下都挂着250公斤和500公斤的炸弹，执行一项特殊的轰炸任务。

鲁本斯德尔法率领的第201实验大队，是德国空军唯一的一支实验部队。一个月来，该大队在海峡轰炸机部队司令芬克上校的指挥下，一直在执行封锁英国船队航线的任务。在这期间，他们经过反复试验，验证了空军司令部迫切想知道的问题，即战斗机能否携带炸弹，能否用炸弹进行攻击并命中目标。

就在昨天，这支实验大队首次以战斗机轰炸了英国绰号为"战利品"的海岸护卫船队。当德军的战斗机出现的船队上空时，英国人一看是些战斗机，觉得没什么了不起。不料德机进入超低空飞行，接着便投下了炸弹。结果两艘大船的甲板和上部建筑被炸，船身严重损伤，陷于瘫痪。

实验大队今天的任务是炸毁英国东部和南部海岸的雷达站，打掉英国皇家空军的耳目，以便更好地实施"鹰袭"作战。

德国人之所以在"鹰日"之前进行这次空袭，是因为几个月来，德军一直在有组织地监听英军的无线电通信和雷达使用情况。通过监听，德军吃惊地发现，英国利用部署在本土的"海岸低空搜索雷达网"，可以清楚地知道德军飞机出动的情况，使德军丧失了至关重要的空袭的突然性。在"鹰袭"作战行动中，德国空军要想改变同英国皇家空军作战时的不利地位，就必须首先破坏英国沿海雷达站。因此，德军的这次攻击行动既是"鹰袭"作战的准备，也是不列颠之战大规模交战的序曲。

鲁本斯德尔法看了看表，差几分就是11点了。12架"梅-110"同时改变方向飞往西北，奔向英国海岸。

各中队接近海岸时散开，迅速奔向各自的目标。

卢茨中尉带领第1中队从伊斯特本刚进入英国内陆，就发现了英国的佩文西雷达站。

6架飞机开始爬高。但是，由于在两个机翼下分别挂着500公斤炸弹（相当于俯冲轰炸机挂弹量的2倍），所以，爬高就不那么灵活了。

飞机好不容易爬到了所需的高度，接着作了一个转弯，收油门，向目标俯冲。

当光学瞄准器对准四根天线塔中最近的一根时，卢茨中尉第一个投下炸弹。

驱逐机群像一阵突然刮起的暴风掠过雷达站上空。有8颗500公斤重的炸弹命中了目标，其中一颗直接命中了细长的天线塔，还有一颗炸断了主电缆。

于是，电波中断，佩文西雷达站沉默无声了。

在卢茨中尉袭击佩文西雷达站时，第2和第3中队正在袭击另外两个雷达站。

第六篇 戈林无能为力

由勒西格中尉率领的第 2 中队袭击了黑斯廷附近的拉伊雷达站，炸毁了地面上的全部建筑。

由海因茨中尉率领的第 3 中队袭击了多佛尔附近的雷达站，有 3 颗炸弹落在了天线塔附近。尽管有 2 座天线塔被炸得歪斜，但都没有倒。

当各攻击编队返航时，几乎都报告说完成了预定的任务。从空中可以清楚地看到，各目标都冒起了黑烟。可是，透过滚滚向上的黑烟，人们发现绝大多数雷达站的天线塔依然屹立着。实际上，英国人经过紧急抢修，仅仅在袭击 3 小时后，绝大多数雷达站又相继开始了工作。

这时候，英国人施出了一条妙计，他们从被摧毁的雷达站废墟中发出假信号，使德军误以为他们的轰炸确实摧毁了这些雷达站。德国人果真陷入英国人的陷阱，不久就完全放弃了对英国雷达站的攻击，这就为其最后失败留下了隐患。对此，德国王牌飞行员加兰后来说："后来我们才意识到，皇家战斗机中队一定受地面某种新装置的控制，因为我们听到指挥'喷火'式和'飓风'式飞机同德国机群作战的命令是非常熟练和准确的。这种雷达和对战斗机的控制使我们感到意外，而且是非常惨痛的意外。"

尽管袭击雷达站的预期目的未能达到，但是德军同时开始的对英国战斗机部队前线基地的袭击却取得了很大成功。

13 时 30 分，英国战斗机曼斯顿基地遭到了猛烈攻击。实施这次攻击的是上午刚刚袭击了英国沿岸雷达站的鲁本斯德尔法编队。

由于此时英国雷达站还如同瞎子一样瘫痪着，因此，鲁本斯德尔法编队的奇袭获得了极大成功。当曼斯顿基地收到德机空袭的警报后只有 1 分钟，德军攻击的飞机就已飞抵机场上空了。

听到警报时，机场上英国皇家空军第 65 飞行中队的驾驶员们飞速地跳进"喷火"式战斗机的座舱，启动飞机。12 架飞机开始向跑道滑行，最前面的 3 架已经加大油门在跑道上进行起飞滑跑了。

就在这一瞬间，德军飞机铺天盖地飞临机场上空。顿时，一枚枚巨型炸弹从空中向下砸来。

"敌战斗机都排在跑道上,我们的炸弹就要落在它们中间了!"德军卢茨中尉报告说。

正在起飞的英军飞行员中,有一个叫奎尔的中校。他从1936年起,就当试飞员,驾驶技术十分熟练。他正在向前滑行,忽然听到一阵强大的轰隆声压过了他的飞机发动机声音,回头一看,原来是后面的机库被炸飞了。奎尔不顾炸弹的爆炸,顽强地滑进了跑道。

此时跑道两侧不断有炸弹爆炸,烟雾笼罩着跑道。奎尔全然不顾,毅然开足马力在跑道上滑行起飞。

奎尔驾驶的这架"喷火"式战斗机忽而被周围的硝烟吞没,忽而又像没事似的在跑道上奔驰。不一会儿,飞机离地飞起来了。

其他"喷火"式战斗机也都在硝烟弥漫的曼斯顿机场起飞。

德国飞行员从空中看去,似乎机场上剩下的4架"飓风"式战斗机和5架其他飞机几乎全部被炸毁了,炸弹在机库和机场宿舍爆炸,大火吞没了大部分建筑……

英军第65中队的"喷火"式战斗机大部分都奇迹般地幸免于难。当然,曼斯顿机场的损失相当严重,空中的飞机只好按命令到后方机场降落。

到当日傍晚,沿海地区的小型作战结束。这一天,德军的第2、3航空队在强有力的战斗机护航下,投入了300架俯冲轰炸机。这仅仅占德军空军投入的俯冲轰炸机总兵力的1/3,更大规模的战斗还在后头。

8月13日是戈林确定的"鹰日"。根据德国气象部门的预报,这一天的天气不好。

清晨,果然风暴骤起。于是,戈林立即下令取消既定的行动。

但是戈林撤销行动的命令来得太迟了,74架"多尼尔"轰炸机和50架护航的"梅-110"已经起飞去进攻皇家空军的机场和设施了。

凯塞林元帅赶紧通过无线电发出了撤回的紧急命令。

接到命令后,"梅-110"很快就调头返回。但是指挥"多尼尔"轰炸机的芬克上校决定继续前进。虽然护航的战斗机撤回后

第六篇 戈林无能为力

使他失去了保护，但他可以利用厚厚的云层作掩护。

芬克上校很幸运。皇家空军的一支雷达小组算错了迎面而来的飞机数量，把错误的情报送给了战斗机指挥部，因此指挥部没能派出足够数量的战斗机去对付如此强大的轰炸机机群。结果，芬克的"多尼尔"机队突破了防线，把炸弹投到了伊斯特切奇机场。

在随后的战斗中，德机只有4架飞机被击落，4架受伤，其余的飞机都飞回了法国。

返回后的芬克上校报告说，他们已使皇家空军一个主要的战斗机机场陷于瘫痪，并摧毁了地面上的10架"喷火"式飞机。实际上，伊斯特切奇机场只是由二线的战斗机和一些轻型轰炸机驻守的，虽然机场受到了重创，但10个小时之后就恢复使用了。

下午14时以后，天气逐渐开始好转。德军第1飞行训练团第5驱逐机大队接到起飞命令。

23架"梅-110"飞机在隆隆的轰鸣声中陆续升空，向英国海岸飞去。

当这个庞大的飞机编队通过法国的瑟堡上空时，被英军的雷达发现了，而且报出的数字相当准确。但是，英国人从雷达信号上没有判断出即将飞临的入侵飞机是轰炸机还是战斗机。尽管这样，英国人还是充分作好了迎击的准备。"喷火"式战斗机飞行员坐在驾驶舱里，随时准备起飞。

林斯贝尔格上尉带领着他的23架"梅-110"机，保持着整齐的战斗队形。在越过英国海岸线时，处在编队最后的一架飞机突然发出警报："后方发现'喷火'式飞机。"

这一声警报使德国飞行员们像遭到电击一样，神经顿时紧张起来。他们知道：尽管他们的飞机上有4挺机枪和2门机炮，火力是相当厉害的，可是多少显得有些笨拙的"梅-110"机不是"喷火"式战斗机的对手。

林斯贝尔格上尉很沉着，他命令全队迅速变换成圆形防御编队。这种队形可以互相掩护尾部，只有最后一架飞机有可能被英军咬住。

林斯贝尔格率先按编队部署开始转弯。但是，在他还没有完全转过来的时候，飞在高空的英国战斗机就突然高速从后方追了上来。

见到此种情形，林斯贝尔格马上向右一拐，巧妙地避开了"喷火"式飞机的火力。

好险！子弹从他飞机的左侧擦过，只差几厘米就打上了，"喷火"式战斗机扑了个空。

但是，另一架"梅-110"飞机就没有林斯贝尔格走运了。它想用俯冲动作规避"喷火"机的攻击，速度却没能一下子提起来，被英国飞机紧紧咬住，打了个凌空开花。

不一会儿，又有2架德机被击中，拖着黑烟栽下大海。

当林斯贝尔格上尉的驱逐机大队返回基地时，损伤过半，有5架被击毁，10多架中弹受伤。

皇家空军的这个战果给戈林一个当头闷棍，使他大发脾气，他怎么能够容忍他的空军出现这种情况？

下午3时，德国的又一个庞大机群向英国海岸飞去。这个机群有150架轰炸机，并由一支"梅-109"机队护航。它的目标是袭击南安普敦这个英国最大的港口。

皇家空军派出了4个中队迎战德空军。

在进攻的轰炸机当中，既有"施图卡"飞机，也有双引擎的"容克-88"飞机。"容克-88"是德国空军速度最快、最新式的中程轰炸机。

在"容克-88"飞往南安普敦的航线上，皇家空军负责守卫的只有"布伦汉姆"战斗机。这种飞机是由"马克4型"轰炸机改装而成的，与装满炸药的"容克-88"比起来，"布伦汉姆"战斗机的时速慢了16公里，用于白天作战速度是不够的。

两支空中编队在港口附近不期而遇，"容克-88"飞机在与"布伦汉姆"的交火中占有优势，它们在击伤了几架"布伦汉姆"战斗机后，一路呼啸着向南安普敦港飞去。

到达港口上空后，"容克-88"的炸弹滚滚而下，大面积的码头和仓库被摧毁或焚烧着。

但是，德国的"施图卡"飞机就没有那么幸运了，它们遇上

第九篇 戈林无能为力

了"喷火"式飞机。

13架在海峡上空侦察的"喷火"式战斗机穿过为"施图卡"护航的"梅-109",俯冲下来,与40架"施图卡"展开了战斗。只见战斗机腾升俯冲,穿梭交织,机枪疯狂地扫射,机炮喷射着冒火的弹头。

"喷火"式飞机不仅有远远超过"施图卡"机的空战性能,而且占有顺着阳光的优势。可怜的"施图卡"机,只有招架之功,几乎没有还手之力。转眼间,就有9架"施图卡"被击落,还有几架受伤,其余的则胡乱丢下机上的炸弹,匆匆逃走了。

"鹰日"这天,德军共出动飞机1485架次,而皇家空军只起飞700架次。德国飞行员回来报告说,他们成功地袭击了皇家空军的6个机场和其他一些设施,摧毁了地面的数十架飞机,消灭了几座小工厂,并使南安普敦港陷于瘫痪。事实上,英国只有3个机场遭到严重破坏,而且都不是皇家空军的主要战斗机基地。

让戈林感到十分振奋的是,他的飞行员向他报告说击落了大量英国飞机。当天晚上德国最高统帅部发表的战报宣布,皇家空军有88架战斗机被摧毁——其中有70架"喷火"式、18架"布伦汉姆"式,而德国空军仅仅损失12架飞机。

欣喜若狂的帝国元帅下令,战区所有飞行员吃饭时加饮香槟酒。戈林并不知道,他所得到的"鹰日"战果,是被大大夸张了的。当日双方的真正损失是:皇家空军有13架战斗机被击落,德国空军则损失了23架轰炸机和11架战斗机。

实际上,德国空军对英国的"鹰日"打击失败了。8月13日,本是德军炫耀空中优势、摧毁强硬英国的大好日子,没想到最终却成了一个充满晦气的日子。对于这一点,不少德国军官心里十分清楚。

但是,戈林却被"胜利"的迷雾罩住了双眼,一个又一个虚假的情报使他对形势的判断出现了重大失误。

三、"黑色的星期四"

8月15日,英吉利海峡天气晴朗温和,海面上撒着一层薄雾,北海上空碧空如洗。这是夏日里难得的一个好天气,也是空军出动的最好时机。

戈林决心抓住这个机会。他命令大部分战斗机升空作战。这是自不列颠战役开始以来使用飞机最多的一次战斗。

戈林要把8月15日这一天变成英国人"黑色的星期四"。

德国空军计划将全部空袭兵力分为南、北两路进攻。

北路是驻扎在挪威和丹麦,由施登夫将军指挥的德军第5航空队,共有100多架轰炸机和数十架战斗机。南路是主要驻扎在法国境内的德军第2、第3航空队。这两个航空队目前共有875架高空轰炸机和316架俯冲轰炸机,以及929架战斗机。从南路和北路分别使用的飞机数量可以看出,德国空军将主要力量投入到英格兰南部。

德军之所以在南部投入如此强大的兵力,是有重要原因的。驻扎在挪威和丹麦的德国空军从起飞基地到英国北部地区,作战目标距离650~750公里,再加上全程20%左右的"战术备份"航程,这样攻击英国北部目标的飞机就必须具有1800公里左右的续航能力。但是,当时单发动机的"梅-109"战斗机的航程只有750公里,刚飞至英国海岸就会因燃油耗尽而坠入海中。虽然"梅-110"可以提供护航,但其远不是"喷火"式飞机的对手。而从法国的空军基地进攻英国南部地区的目标,就不存在这个问题。因此,德

第八篇 戈林无能为力

国空军企图通过猛攻南部来钳制英国战斗机，以使在对英格兰中部和北部实施攻击时遭到尽可能少的敌机阻截。

与德军用于进攻的兵力相比，皇家空军上将道丁的截击兵力要少得多。他只拥有"飓风"式战斗机480架、"喷火"式战斗机120架以及少量的其他类型战斗机，与德军兵力对比处于明显的劣势。道丁根据所掌握的情报，看到了德国空军的险恶用心。为了更好地抗击德国空军的进攻，道丁把原来部署在英格兰南部双方争夺焦点以外的第11大队的部分战斗机北调到苏格兰，与一直没有参战的第12、13战斗机大队合兵一处，以增大北部抗击的力量。

8月15日，在挪威和丹麦指挥德国空军第5航空队的施登夫将军，终于接到了让他投入战斗的命令。此时，他完全忘记了英国雷达的存在，也不知道英国人能破译德国的密码。施登夫决定飞过北海，对英国东北都泰思茅斯和约克郡北部之间的英国机场和飞机制造厂发动一次突然袭击。

然而，他的飞机至少在到达之前的一个小时就被雷达跟踪上了，因此，皇家空军的战斗机有足够的时间飞到顺着太阳光的位置上，以便向下俯冲进攻德军的轰炸机。

13时45分，德军第一攻击波、第26轰炸航空团2个大队共65架"海因克尔"轰炸机，在"梅-110"战斗机的护卫下，在4500米的高度上飞行。当机群离英国海岸大约还有40公里时，机上的无线电设备突然喧嚣起来，敌情报告一个接一个：

"左侧发现'喷火'式战斗机！"

"敌战斗机正从太阳方向飞来！"

"我被敌机击中了！"

为"海因克尔"轰炸机群护航的，是德军第76驱逐航空团第1大队的21架"梅-110"飞机。这个大队有顽强的战斗作风，战斗力也强，历史上战果辉煌。他们在1939年12月18日的德意志湾空战中，曾击落过当时同盟军参战的"威灵顿"式飞机的大半。在德军占领挪威时，也是该大队冒着对方密集的防空火网，最先降落和夺占了位于奥斯陆的福内布机场。在德国空军中，这个大队声名显赫。但是，今天他们遇到了真正的对手。

4架前导机飞在德军驱逐机大队的最前面，它们在轰炸机上空几百米处担任掩护。编队最前面的一架飞机是大队长雷斯特曼上尉的座机。他今天除了要指挥其编队外，还担负一项特别任务，即配合同机的侦听中队长哈特维希使用高性能接收机，监听英国战斗机之间的通信联络。德国人想以此为突破，掌握英国空军的防御体系，从而制定德国轰炸机部队相应的战术及飞行航线等。

正当他们刚刚开始集中精力侦听时，一架英国的"喷火"式飞机从阳光照射的方向向他们扑来。

雷斯特曼刚要调头进入迎战状态，就被对方击中了。机身出现十几个窟窿，随着高空气流的冲压，窟窿越来越大，致使飞机操纵十分困难。

没过多久，这架指挥机便燃起大火，尖叫着一头栽向大海。大队长雷斯特曼上尉率先与飞机一起葬身大海。

十几分钟后，前来截击的英军第72、79中队"喷火"式战斗机从四面向德机发起了立体攻势。

在辽阔的空中，双方展开了一场你死我活的拼杀，不断有战机被击落和击伤。

天幕上，被击落和击伤的飞机划出一道道黑色的"长虹"。

位于德军驱逐机编队尾部的里希塔中士因机枪子弹打伤头部而失去了知觉，他的飞机一个倒栽葱向下掉去。通信员盖斯黑卡中士一见大事不好，随即双脚一蹬，跳伞脱离了飞机。

一会儿，里希塔又清醒过来，在飞机刚刚掉到云层下面时，他又重新控制了飞机。尽管头部大量出血，他还是努力控制飞机，飞过北海，返回德占区，迫降在丹麦的埃斯堡。而盖斯黑卡中士却去向不明。

此时，尤伦贝克中尉带领着5架德军飞机，调过头来投入战斗。他们击中一架"喷火"式飞机，并看着它拖着长长的黑烟栽了下去。

但是，皇家空军的飞机太多了，尤伦贝克只好命令他的几架飞机组成圆形方阵。就在这时，一架"喷火"式飞机从尤伦贝克后方攻来，他的僚机施马赫中尉以准确的射击为他赶跑了"喷火"

式飞机。

在尤伦贝克中尉的前面，戈洛布中尉咬住了一架"喷火"式飞机，从后面悄悄接近。他描述当时的情景说：

"就这样，一直接近到离敌机50米处，这时射击的效果比侧面好得多。只见那架'喷火'式战斗机机头上仰，然后，垂直栽了下去。"

但两三秒钟后，他被两架"喷火"式飞机咬住，机翼中弹，左发动机冒起黑烟停止了，他描述说："我俯冲躲进云层，两架敌机仍然紧追不放。于是，我又提前改变了航向，并在800米至1000米的高度上拉了起来，穿云甩开了敌机。13点58分，在云下飞行时，我亲眼看见那两架'喷火'式飞机有一架冲进了海里。"

此后，戈洛布用右发动机作单发飞行，安全返航。两小时后，他在那弗尔基地降落。

在皇家空军战斗机的层层拦截下，德军第26轰炸航空团已无法找到预定的轰炸目标，最后只好把炸弹稀稀落落地投向海岸以及纽卡斯尔与森德兰之间的港湾设施附近。

施登夫将军的另一编队，即第30轰炸航空团的3个大队却空袭成功。德军这50架"容克-88"轰炸机在没有战斗机护航的情况下，在弗兰伯勒角一带越过海岸后，即以云层为掩护，避开英军战斗机，直抵英军第4轰炸集团的德里弗菲尔空军基地。

德军炸毁了英军基地上的4座机库和数处其他建筑物，12架英军轰炸机在地面起火。当然，德军参加轰炸的50架轰炸机也有6架被英军战斗机击落。可是由于德军空袭兵力众多，尽管英军战斗机拼命作战，仍始终没能阻止德军对基地的空袭。

当施登夫将军的机群回到挪威时，一共损失了16架"海因克尔"和6架"容克-88"，这些飞机占施登夫全部轰炸机总数的20%。另外还有7架"梅-110"被击落。

而在英国南部，8月15日这一天英国人遇到了更大的困难。

在英国南部空域，德军的"施图卡"、"海因克尔"和"容克-88"依次来往穿梭于英吉利海峡，轮番轰炸皇家空军的飞机场。从朴茨茅斯到泰晤士河口直至内陆伦敦远郊的比金山，许多飞机库着火，飞机跑道被炸得坑坑洼洼。在英军的海岸线上空，几乎没有一处不在进行着空战。

人们站在地面上不仅能看到飞机留下的雾气的痕迹，而且还能看到受伤的飞机冒出的黑烟和其中某一架突然爆炸时放出的红色火焰。尽管激战是在数千米上空进行的，但是各种声音还是传到了地面上。快速运转的马达加快到极限时的声音、飞机急剧俯冲或转弯时螺旋桨和引擎发出的尖叫声、机关枪的扫射声和火炮的轰击声，以及飞机被击中后在空中爆炸时发出的雷鸣声，汇聚成一种非常奇特的"交响曲"。

在8月15日的战斗中，英国皇家空军本来可以有更多的战斗机升空作战，但是由于牺牲和受伤的飞行员太多了，许多飞机因无人驾驶而不能起飞。幸存飞行员的起飞强度不得不达到最大限度。他们从黎明开始起，就守在飞机旁，等着命令他们紧急起飞的铃声。一仗打下来，在飞机旁作短暂的休息之后又得马上起飞去迎战来敌。过度的劳累使皇家空军飞行员疲惫不堪，他们几乎到了人的身体所能承受的极限。

在地面上，劳务队不分昼夜地修补被轰炸过的基地和机场，以使它们能再次投入使用。可是，这样做往往徒劳，因为每当劳务队把跑道修好，德国空军的轰炸机就会飞来再次把它炸个稀烂。

这一天的空战是史无前例的。从近距离的空战来看，以后再也没有像这样的激战了。到晚上战斗结束，筋疲力尽的飞行员收兵时，德国空军已派出了1780架次飞机——其中有520架是发动对皇家空军及其设施的空袭。德国人宣称，皇家空军有12个飞机场陷于瘫痪，99架飞机在空中被摧毁。英国人也报道说自己重创敌军——皇家空军起飞974架次，摧毁了182架德国飞机。

就像以前的战报一样，双方都在吹牛。公布战报是战争中的一种心理战，交战双方往往都会把自己的战果说得很大，损失说得很小，以鼓舞本方士气，动摇敌人军心。同时，在统计战果时各个作战单位往往都会把自己的战果说得大于实际，以讨得上司的欢心。对于这一点，无论是英国还是德国的高层领导心里都是很清楚的，只不过有时由于种种原因不愿说破而已。这一次英德双方也是如此。实际上，德国空军击落的"英国飞机数量是34架而不是99架；皇家空军击落的德国飞机也不是182架，而是75架"。

飞机和飞行员的损失如此之大，令双方都感到震惊。在被击落的德国飞机中，许多都是由3人或4人驾驶的，而英国人的飞机多半是单座飞机，他们总共死了17名，伤了16名飞行员。尽管英国飞行员损失得远比德军少，但对于本来就十分缺少飞行员的皇家空军来说，无疑是雪上加霜。

8月15日的空战结束了，这的确是一个"黑色的星期四"。但从总的交战结局上看，德国的星期四要比英国的星期四"黑"得多。

四、夜袭利物浦

8月28日晚上，德国空军第3航空队对利物浦实施了第一次突击。按德国空军的标准来看，他们认为这是对联合王国的第一次大规模的夜间突击。

从8月28日到8月31日的连续四个晚上，德国空军第3航空队平均每晚出动轰炸机157架，突击利物浦和伯肯黑德。事后调查，德国轰炸机中的70%飞到了目标上空，平均每晚投下爆破弹114吨，散布性燃烧弹257颗，每颗散布性燃烧弹中含有1公斤重的燃烧弹36枚。规模最大的一次（而且德国人认为是战果最大的一次）突击是在29日的夜间实施的，共出动轰炸机176架，其中的137架飞到了位于默尔济河口的两个海港，共投下炸弹130吨，散布性燃烧弹313颗。28日和30日的夜间，对这两个海港的突击还伴随着对其他一些目标的猛烈轰炸，这主要是由第2航空队的飞机进行的。28日的夜间，除了轰炸利物浦和伯肯黑德以外，对其他一些目标还出动了轰炸机180架，30日晚上出动了112架。

德机只是在8月31日夜间的那次突击中取得了一些战果，在利特浦的商业区引起了160余起火灾。伯肯黑德也遭到一些破坏，但只有很少几枚炸弹命中了造船厂。

这几次突击的效果之一就是暴露了英国夜间防空作战的弱点所在。在这四个晚上的袭击中，德国第3航空队共损失轰炸机7架，仅占其出动兵力的百分之一略多一些。高射炮还是继续起了迫使德机在高空飞行从而影响了其命中率的作用，但是除此之外，无论高射炮还是战斗机，都未能起到更大的作用。为此，道丁曾经一度主张对德国的无线电导航设备进行全面干扰，即使因此而影响英国的夜间防空作战也在所不惜。但是英国空军部却主张采用另一种更为巧妙的方法，第80联队也正是为此目的而组建的。8月28日，在德国空军的夜间轰炸中起到最重要作用的各个远程导航台的位置均已被发现，并且英国为了转发德国无线电导航信标而建立的九个电台也开始了工作。这一对策究竟取得了多大的效果，在当时固然很难确定，就是现在也很难进行精确的计算。然而从德国的空勤机组中有许多人没有能够找到目标这一事实来判断，至少足以说明来袭的德机还是遇到了一定的困难的。事实最后证明，第80联队做出了极为宝贵的贡献，使某些重要目标免遭破坏。

五、长空铁拳——英国皇家空军

英国皇家空军，是世界上第一支独立的空军部队，是保卫大英帝国的长空铁拳。一战期间，英国皇家飞行队首创了空战战术和空中编队，并取得了世界空战史上第一个战果。二战期间，日益壮大的皇家空军充分发挥灵活的空战战术和视死如归的顽强作风，在英吉利海峡、地中海、柏林及马耳他岛上空，与疯狂的德国空军进行了旷日持久的空中大格杀，为保卫不列颠帝国，挫败乃至毁灭第三帝国立下了不可磨灭的功勋，一跃成为世界上最强大的空中力量之一。难怪有人说："英国皇家空军是第二次世界大战中最强大的武器之一。"

1940年5月，闪电般攻占了丹麦、挪威两国，之后德国又对

第六篇 戈林无能为力

荷兰、比利时、卢森堡三国发动了攻击，同时以几个装甲师为先头部队越过阿登山区，越过法军苦心经营的马其诺防线，直逼法国腹地。

德国装甲部队以势不可当之势，挥师南下，向法国腹地挺进。在法国北部地区作战的英法联军虽然也实施过多次反突击，但终因兵力不足、行动迟缓而失败。英法联军和部分比利时军队在短短10天内就被围困在敦刻尔克至比利时边境之间的狭小海滨地域内，30多万官兵的生命危在旦夕。

就在德军装甲部队即将围歼近在咫尺犹如瓮中之鳖的联军时，希特勒却在听取了龙德施泰特和戈林等人的意见后给部队下达了"停止前进"的命令。

从根本上讲，希特勒下达"停止前进"的命令，主要是出于军事上的顾虑。他认为这次围歼战胜利在握，不必再让宝贵的装甲部队在佛兰德沼泽地遭受不必要的损失。尽管迄今为止所取得的胜利很大，但这次战役却远远没有结束，法军在埃纳河和索姆河左岸建立了新的防御阵地，下一个更为重要的作战目标在等待着德军去攻克，希特勒希望在主要进攻方向上保持势不可当的进攻势头。

德军装甲部队停止进攻，给英法联军带来了绝处逢生的转机。然而联军能否及时地利用这个转机，特别是英国远征军在"魏刚计划"已无胜利的希望和德军逐步缩小包围圈的情况下，能否摆脱困境，这还要看英军远征军总司令戈特将军如何利用时间了。

英军从自己的切身利益出发，坚持把远征军撤向敦刻尔克，行动很快得到英国政府的批准。26日，英国陆军部向戈特将军发电，同意他撤往敦刻尔克。

在完成了敦刻尔克大撤退后，英国在全国范围内实施了紧急动员，加强了防卫本土的各项准备工作，因为他们知道，法国的沦陷之日便是德军进攻英国之时。可正当英国人准备与德军拼死一战时，精明的希特勒却出乎意料地向他们亮出了免战牌，摆出了一副友好的姿态。

希特勒认为，英国虽然在同盟国身上耗费了很多的兵力，但其海、空军实力不可小视，况且中间还隔着一道难以逾越的天然屏障——英吉利海峡。而要彻底攻占英国,就必须实施大规模登陆作战,这样可能会给德军士兵带来灾难。另外,对英作战还可能使美国人涉足战场,还可能促使英苏缔结某种同盟,从而把事情变得不可收拾。与其这样,倒不如先抛给英国人一些甜头,引诱他们媾和,德军则可抽身向东,以强大的实力去收拾那个最令人头痛同时也是最危险的敌人——苏联,尔后再回身一击,拧掉英国人的脖子。

在这一战略的指导下,德国以瓜分荷、法殖民地为条件,与英国进行和谈,企图结束英德之间的直接对抗。可是饱受战火之苦的英国人拒不接受和谈条约,并频频出动战机对德国汉堡和基尔等海军基地进行破坏性轰炸。

面对英国的顽固不化,德国人处于进退两难的尴尬境地。希特勒自开战以来,都是凭着一时的冲动,只需一夜时间的推敲思考,便可断然地做出重大决策。可此时,他第一次表现出十分的犹豫和彷徨。在经过近三个星期的痛苦思考后,失去耐心的希特勒终于决定以武力代替条约,迫使英国自愿走上投降之路。于是关于准备在英国登陆作战的指令——"海狮"计划出笼了。

鞭子已经高高举起,可在抽打下去之前,希特勒觉得还有必要向英国发出最后的和平呼吁,进一步显露自己的"诚意"。

但英国人极度的"不理智",完全拒绝了投降要求,希特勒不得不重新审视"海狮"计划:它设想于8月中旬,以25个至40个师的兵力以突然袭击的方式越过英吉利海峡,在不列颠登陆。为保障登陆的顺利进行,由空军先期进行大规模空袭。

可以看出,这项计划对于海军力量相对薄弱,只擅长陆上作战的德军来说,是极其困难的。况且,希特勒生性怕水怕海,对海战的兴趣和经验远不如陆战。

果然,当登陆的准备工作刚一开始,德国陆海军便叫苦连天,提出了诸如缺少运输船只、海上作战能力不如对手等困难,联合请求希特勒推迟计划的实施,并建议先由空军彻底削弱英国的海空防御力量,扫清障碍,把烫手的"山芋"硬是踢给了空军。而与希特勒同样狂妄的空军司令戈林倒很乐意担此重任,他信誓旦旦地

第八篇 戈林无能为力

说，只要他一声令下，伦敦便会变为废墟，皇家空军的飞机只能趴在跑道上与泥土和炸弹亲嘴。就这样，"海狮"计划就变成了以德英双方进行空中较量为主的作战行动。

英军皇家空军虽然在数量上处于劣势，但它是在本土防御，作战半径小，飞机出动频率快，有较好的地勤保障，况且还有部署在海岸一线的雷达，能够提供空情报告。所以从总体上看，难以预料空战的胜负。

根据希特勒的指令，戈林将实施大规模空中攻势的发动日期定在8月10日，并为这一天取了一个代号——"鹰日"，其作战企图是，摧毁英国皇家空军和空中防御力量，以及飞机制造厂、生产防空设施的工厂和东南部沿海的港口等目标。

8月10日，英国南部狂风大作，夹杂着雷电的乌云笼罩在英吉利海峡上空。恶劣的天气，使得飞机无法升空和战斗，德军的"鹰日"作战被迫延期至8月13日。

"鹰日"空战，德国空军共出动各型战机1485架次，对英国本土的7个空军基地及港口进行了攻击。战斗中共有34架飞机被毁，80多架被击伤，原本是炫耀空中优势的德军，付出了惨重的代价。而英国皇家空军则出动战斗机700架次升空拦截，只以损失13架战斗机的代价，赢得了当天空战的胜利。

在随后几天的战斗中，德军又被击落近120架飞机，这个数目大大超过了戈林预想的代价。于是他下令将机动性能较弱的"施图卡"式和"梅-110"型飞机退出战场，改用"梅-109"型战斗机为轰炸机护航。

英国皇家空军经过几天的顽强搏击，损失也相当严重。为了及时补充战机，各飞机制造厂夜以继日地运作着，使得参战的战斗机总数始终保持在750架以上。由于飞行员的伤亡较多，英军不得不进行紧急补充，但在补充的飞行员当中有近70%以上的人员飞行时间短，且缺乏实战经验。因此从整体上看，皇家空军的作战实力已明显下降。

8月24日，德国空军开始执行戈林制订的第二阶段计划：不仅要摧毁皇家空军的地面设施，还要炸平为它提供燃料的储油罐和生产飞机与零件的工厂，其目的就是瘫痪英国的航空建设，彻底消灭屡屡给德军带来厄运的皇家空军。

这是一个晴朗的星期六。上午9时，德军的100多架轰炸机和战斗机的混合编队席卷了英国皇家空军的基地，曼斯顿、北威尔德和霍恩彻奇等机场都遭到了严重破坏。战场的形势渐渐露出了逆转的苗头。

戈林的战略无疑是十分正确的。因为实施"海狮"计划的重要障碍在于英国皇家空军，如果英国的飞机制造厂均遭到了毁灭性的打击，那么皇家空军有限的战机便会在长期的消耗战中损失殆尽，德军就可轻而易举地夺取英国上空的制空权，而丧失空中庇护的英国皇家海军，在德国空军面前只能处于被动挨打的局面，难以发挥应有的作用。这样，德军登陆行动就指日可待了。

可是，一个偶然的事件给英国人带来了好运，同时也使德国人叫苦不迭。

就在24日夜间，有几架在别处执行轰炸任务的德军飞机，由于迷失了航向，把炸弹投到了伦敦市区，造成了20多人伤亡。而英国皇家空军出于报复的考虑，于25日晚出动81架"汉普登"式轰炸机，长途飞行近1000公里，空袭了德国首都柏林，炸死炸伤数十人，并效仿一战期间德军在空袭英国伦敦前扔下恐吓纸片的做法，随炸弹扔下了一批传单，表示了决战到底的决心。

柏林遭到轰炸，这是有史以来的第一次。这一次轰炸，造成了柏林市民的极度恐慌，更使曾经信誓旦旦、连夸海口的戈林失去了应有的理智。他极力向希特勒建议，改变攻击目标，轰炸伦敦，以给德国民众一个满意的交代。

于是，德国空军在持续对原定目标实施了近10天的大规模空袭后，于9月7日夜晚出动250架轰炸机，对伦敦市的港口、码头进行了自二战以来首次有计划的空袭。

随后在9月8日至15日间的7天当中，德军对伦敦进行了昼夜24小时的连续空袭，致使整个城市满目疮痍，先后共有2000多人丧生于德军的炮火之下，受伤和被埋在废墟中的居民多达1万人。从表面上看，德国空军仅付出近百架飞机的代价，赢得了空袭

第六篇 戈林无能为力

的胜利，但是此举却减轻了英国皇家空军机场和军需工业的压力，使其得到了喘息的机会，较大程度上恢复了原来的活力。

史学家评论说，这是希特勒指挥中所犯下的最大错误之一。

可戈林还是昏头昏脑地继续对伦敦实施空袭。

9月15日，星期日，阳光灿烂，秋高气爽，天空中飘浮着一层淡淡的云彩。这个不寻常的日子，后来在皇家空军的军史里被称为"不列颠空战日"。

中午时分，在英国各监测站的雷达屏幕上，出现了一群群飞机的信号，德军出动大约400架轰炸机和700架战斗机，正临近英吉利海峡上空，朝伦敦方向蜂拥而来。

10分钟后，英国皇家空军第11航空队和第12航空队的5个中队的所有战机在雷鸣般的隆隆声中，呼啸着直冲天空。当密密的机群出现在德国空军的眼前时，他们怎么也想不到气数将尽的英国还残存有如此多的飞机。13时30分，空战达到了高潮，皇家空军的数百架飞机在空中盘旋着、俯冲着，一串串稠密的子弹向德军飞机倾泻而去，英军地面200多门高炮也不断地喷着火舌，不时有被击中的德军飞机冒着火焰和浓烟，在空中画着歪歪扭扭的弧线，向地面、海面坠去。

此战，德军共有56架飞机被击落，另有一些弹痕累累的飞机在返航途中坠毁，而英国皇家空军仅损失战斗机26架。

这次空战，使德军渐渐认识到自己在战略上的失误，同时也清楚地看到，在强大的皇家空军面前，德军难以在短时间内完成战略意图，相反只能是陷入一场毫无休止的空中拉锯战。为此，希特勒于9月17日宣布无限期地推迟"海狮"计划。

可是，希特勒并不甘心失败的命运，企图依靠夜战的优势，继续对英国施加压力。

10月2日晚，由1000多架飞机组成的德国庞大机群在夜幕的掩护下，飞临伦敦上空，成功地实施了轰炸。尽管英国皇家空军全力起飞拦截，但由于飞机没有安装机载雷达装置，再加上英军对夜间城市防空还缺乏经验，所以拦截和防空效果不大，致使德军屡屡得手。

德国空军的夜袭，使英军陷入了极大的被动，至 1941 年 2 月，德国空军共出动飞机 2.4 万余架次，仅被击落 156 架，而伦敦则遭受了惨重损失，死亡市民近万人，市区被炸毁的房屋达 1/5。其中最为严重的是英国航空工业中心考文垂，在德军近 1.6 万多吨弹药的轰炸下，整个城市几乎被夷为平地。

英国皇家空军为扭转这一被动局面，想出了许多办法：他们在飞机上安装探照灯，为战斗机指示目标；在德机来袭方向施放大量的拦阻气球；用无线电干扰德军夜间导航设施。所有这些措施，都从一定程度上遏制了德国空军的猖獗进犯，减小了伦敦在空袭中的损失。

早在 9 月 15 日，德军就开始了对英登陆作战的准备工作。到 18 日止，德军在英吉利海峡东岸各港口集结的船只已超过 1000

■ 悬浮在空中的大量拦阻气球

艘，另有 600 多艘大小船只在安特卫普附近隐蔽待命。为了破坏德军的登陆行动，英国皇家空军出动轰炸机群先后数次对其集结船只进行了轰炸。由于距离近且目标明显，所以在两周内，被皇家空军击沉击伤的德军船只达总数的 20%。而集结在敦刻尔克的船只中，有 84 艘德国大小驳船被击沉或受损。在瑟堡，德军一座大型军火库被毁，一所大型粮仓被焚，多艘轮船和鱼雷艇被炸沉，人员伤亡也极为惨重。

空中战斗久而不决，水面舰船频频被毁，使得德国无心继续实施空袭，无力进行"海狮"计划，于是渐渐把攻击的矛头指向了欧洲最危险的对手——苏联。

第六篇 戈林无能为力

1941年5月10日晚，德国空军在主力撤往东线以前，对伦敦又作了一次莫名其妙的轰炸。也许是出于掩盖其战略目的的考虑，也许是因为"临走之前还蹬上一脚"的发泄心态，德国空军出动了507架飞机，在伦敦上空漫无目的地投掷了700多吨炸弹、燃烧弹和降落伞雷，熊熊的大火和爆炸物夺去了1436名伦敦居民的生命，另有1800余人身受重伤。当许多被压在废墟中的居民幸运地爬出来时，他们无神地看着被映红的半壁夜空，喃喃地说："难道这又是战争继续的先兆么？"

可后来的事实证明，希特勒已被迫中止了"海狮"计划，饱受战争苦难的伦敦居民们才长长地舒了一口气。

整个空战期间，英国损失作战飞机915架，而德国损失飞机2400余架。在这次长达9个多月的空战中，英国皇家空军经受了血与火的考验，用一记响亮的长空铁拳，粉碎了德军企图征服英国的梦想，最终赢得了这场空中持久战的胜利。

不列颠之战的胜利，是第二次世界大战爆发以来，反纳粹德国联盟取得的第一个重大胜利，也是德军自开战以来的第一次失败。英军的胜利，使英国成为欧洲抵抗运动的领导中心和盟军战略反攻的基地，而德国在进攻英国失败后，不得不陷入两线作战的困境。

战后，英国战史学家对此战给予了高度评价：皇家空军面临数量上占巨大优势的德军，在第一个独立于地面作战的空中战役中取得了胜利。毫无疑问，他们使纳粹德国遭受了自二战以来的第一次失败，并为英国军队的调整和重新装备赢得了时间……他们创造了世界军事史上最伟大的战绩。

丘吉尔则无限感慨地说："在人类战争领域里，从没有见过这么少的人，为这么多的人做出这么大的奉献。"

第七篇
伦敦空战

完全可以说，是德军轰炸重点的转移拯救了濒临绝境的皇家空军，使几乎无力支撑的皇家空军战斗机指挥部得到喘息，使英国空军满目疮痍的扇形雷达站得以解脱，从而拯救了濒于崩溃的皇家空军，拯救了英国。

第七篇 伦敦空战

一、误袭伦敦

开战一个多月来，帝国元帅戈林一次又一次接到他的情报官的报告，每次都说皇家空军几乎全军覆灭。但当戈林派出轰炸机飞过海峡时，英国的"飓风"和"喷火"式战机总是大批量起飞，毫不留情地将他的轰炸机击落下来。于是，戈林不再相信情报官的话了，他知道，皇家空军远远没有被消灭。

按照"海狮"计划的要求，德国空军早就应该削弱英国的战争潜力，并夺取海峡及英伦上空的制空权了，但由于空军笨拙的作战，实现作战目标遥遥无期，"海狮"计划不得不一拖再拖。更使戈林感到不安的是，元首开始有些不耐烦了。

怒气冲冲的戈林将他的空军军官和飞行员集合起来，狠狠地臭骂了一顿。骂归骂，但要完成作战任务还要靠他手下的这些人。他决定下放更多的权力，以调动部队的战斗积极性。

在下一阶段的行动中，戈林决定一切都放手让下面的人去干。他们有权决定在白天黑夜进行轰炸，可以袭击打得到的英国空军的任何地方——包括英国的城市。但是，根据希特勒的指示，戈林把一个城市严格地划在了进攻范围之外，那就是英国的首都。他在伦敦城区的外围画一条线，严禁进攻这条线以内的地区。

对于希特勒为什么会一再明令禁止袭击伦敦，人们有多种解释。有人认为是他希望在自己征服英国之后，能骑着战马从毫发无损的白金汉宫里耀武扬威地穿过毫发无损的大街，走到毫发无损的国会大厦；有人认为是因为他担心摧毁伦敦的古建筑会引起不利于他的宣传,从而影响到那些中立国家;还有人认为是因为他已精明地预料到炸毁英国的首都对他在战术和战略上都没有什么好处。

德国空军指挥官中的相当一部分人,主张对伦敦实施攻击。这些人认为,不断地对伦敦实行恐怖轰炸,可以瓦解平民的斗志,最终使士气大落的英国人走到谈判桌边来。

但戈林不同意他们的看法。他质问他的高级将领说:"柏林人会向恐怖轰炸屈服吗?我可不相信。我看伦敦人也不会求饶的。"

在这个时候,戈林和希特勒意见是一致的:他们都不愿看到伦敦被毁。

对这个问题英国人是怎么看的呢?

英国的一些高层人员,却十分希望德国空军把轰炸的主要目标转向伦敦。伦敦的一些知情者后来说,丘吉尔几乎每天晚上都要到唐宁街10号的花园里去,当他听到轰炸机的嗡嗡声和炸弹落在郊外的砰砰声时,他就向空中挥舞双手大喊:"你们为什么不到这里来?来炸我们,来炸我们呀!"丘吉尔的想法是,如果伦敦变成一片废墟,他就可以更多地得到国际援助,特别是美国的支持。

皇家空军的最高指挥官道丁上将也希望看到德国空军飞到伦敦来。他的想法是,如果德国人开始轰炸首都,那么他们进攻力量的转移就能减轻地面空战设施和军需补给基地的压力,就能使皇家空军获得一点时间喘息、休整,以聚集力量再战。

然而希特勒太狡猾了,他不会上当;他坚持他那条德国空军轰炸机不得进伦敦城区的成命,没有一点改变主意的意思。

从1940年8月13日至9月6日是不列颠之战艰难的第二阶段。德军集中攻击英空军基地和雷达站,寻歼英空军主力。德国飞机自8月24日开始把那些致命的炸弹投向第11大队的7个扇形雷达站。虽然英国的扇形雷达站没有一个被完全炸毁,但是受到一连串轰炸,遭到严重破坏,特别是位于比金山和肯利的扇形雷达站损失惨重。这些神经中枢的功能开始萎缩。此后,英国各前线机场也遭到空袭。8月31日,皇家空军的战斗机指挥部遇到了它最糟糕

第七篇 伦敦空战

的一天。一批又一批的德国轰炸机呼啸而来，机场的仓库和指挥大楼被夷为平地，输电线路被切断，飞机被炸毁，地面人员丧生。这一天，德国人总共扔下4400吨炸弹。皇家空军共损失了39架飞机和14名飞行员——这是迄今伤亡最多的一天，自不列颠战役打响以来，德国一天之内被摧毁的飞机头一次少于皇家空军损失的飞机。在随后的几天里，风暴和阴云再也没有光顾过英格兰上空，接连几天阳光灿烂，万里无云。从8月24日到9月6日接连13天，德军几乎每天组织千机大轰炸，即平均每天出动近1000架飞机对英国南部的机场、空军地面部队及航空工业实施攻击。这些攻击及由此而引起的空战在此期间达到了高潮。不列颠战役已经进入了决定性阶段，英国皇家空军驾驶员1个月以来一直处于高度戒备状态之中，每天要出动好几次，他们已经太疲劳了。尽管他们坚持着进行最后的努力，但德军方面的数量优势开始发挥效力。随后，为了迷惑英国皇家空军的雷达监测人员，德国人在空中采取了一种新的战术，即德国空军的机队整天在法国沿岸飞上飞下，正好在皇家空军的雷达屏幕所能看到的范围之内。监测人员根本就无法预测究竟哪一队飞机会突然转向北方，掠过英吉利海峡，对英发动真正的进攻。第11大队的5个前进机场和6个战区机场都受到了严重的破坏，曼斯顿和利姆2个机场有好几次接连几天不能供战斗机使用。保卫伦敦的主要战斗机基地比金山3天内遭到6次轰炸，基地调度处被摧毁，伤亡7名地面人员，以致有1个星期之久只能供1个战斗机中队使用。皇家空军的战斗机防御力量开始变弱了。在这关键性的两周中，英国被击落重创的战斗机有290架，德国空军损失285架飞饥。英国南部的5个前进机场遭到严重破坏，更糟糕的是，沿海7个关键性扇形雷达站中的7个遭到十分猛烈的轰炸，整个通信与指挥控制系统濒于彻底摧毁的边缘。同时，皇家空军战斗机的防御力量开始削弱了，短短10天内，就有446架战斗机被毁或遭破坏，103名驾驶员死亡，128名重伤，这两个数字之和几乎是当时全部驾驶员的1/4。英国面临着灾难性的危险，整个国家也陷入了一片恐慌之中。丘吉尔首相焦虑地说："如果敌人再坚持下去，整个战斗机指挥部的全部组织就可能垮台，国家就有沦陷的危险。"是的，如果德国的这种打击再持续下去，哪怕只是持续1周，英国的天空就再不会出现有组织、成规模的抵御力量，可以肯定地说，"海狮"计划就能获得进展。

但是，由于后来发生的一个偶然事件，使事情的发展出现了戏剧性的变化。这个事件是由两名德国飞行员犯下的错误造成的。

8月24日夜，德国空军的170架轰炸机席卷而来，它们将要袭击从肯特郡一直往北到苏格兰边界的目标。有一部分飞机奉命轰炸泰晤士河沿岸城镇罗彻斯特和金斯顿的飞机制造厂，以及距伦敦20多公里处的巨型油罐储存设施。领航的飞机靠无线电导航，后面跟着一批没有这种装备的飞机。在飞往目标的途中，两架后面的飞机失去了与那些装有无线电的开路飞机的视觉联系，偏离了主攻的方向。

茫茫的夜空中，这两架掉了队的飞机紧挨着向前飞。突然，它们遭到了英国防空炮火的袭击，而且越往前飞，敌人的火力网越密集。此时，这两名飞行员意识到自己飞行的大方向错了。无奈之下，他们丢弃了机上的炸弹，转头向东，向法国海岸逃去。

可是，十分不幸的是，当他们卸除炸弹时，他们的飞机正好飞到伦敦城的上空。在从飞机上扔下来的炸弹中，有两颗炸弹呼啸而下，落在了伦敦市的中心，古老的圣贾尔斯教堂被夷为平地，附近一个广场上的约翰·密尔顿塑像也从底座上被震下来了。其余的炸弹落在了伦敦城北部和东部的伊思灵顿、芬奇利、斯特普尼、托坦汉和贝思纳尔梅林等地区，炸死了一些从小酒馆里出来的顾客和看完电影从影院回家的观众。

毫无疑问，这次轰炸是无意的。当戈林得知发生这次误炸伦敦的事件后，大光其火，立即给执行轰炸任务的第1轰炸航空团发了一封电报：

"立即把向封锁区伦敦投弹的部队名单报上来，空军司令要亲自处罚这些指挥官，把他们都转到步兵去。"

二、轰炸柏林

但是，丘吉尔倒情愿认为这是故意的，以便他可以将错就错地做出反应。

丘吉尔立即下令参谋部开会，研究相应措施。与会的全体成员一致做出决定：对柏林实施报复性轰炸。

会议刚刚结束，一项命令就传到了皇家空军的轰炸机指挥部，随后又通过它传到了驻扎在英国东岸诺福克的一个"汉普登"轰炸机大队。轰炸机大队的飞行员立即作好了起飞准备。

夏日的夜空，繁星闪烁，月光给机场铺上一层银色的薄纱。

朦胧之中，可以看到机场一片大战前的繁忙。

随着一声令下，穿着镶有羊皮边的飞行服、脚蹬飞行靴的轰炸机飞行员急速向停在机场上的轰炸机奔去。

机械师握住驾驶员的手，拍拍他们的肩头，祝他们好运。场上其他人员翘起大拇指，用特殊的方式祝愿他们的同伴胜利而归。

探照灯打开了，灯光显示出跑道的轮廓。

飞机启动了，隆隆的马达声响彻夜空。

第一架飞机闪亮着红光，开始在跑道上滑行。和其他飞机一样，这架飞机上载着6个人和许多炸弹。

第一架飞机刚刚离地，第二架飞机紧接着腾空。跟着又是第三架、第四架、第五架……

飞机全部升空后，很快编好了队形，一直向东飞去。他们此次轰炸的目标是德国首都柏林。

这是战争开始以来英国皇家空军首次轰炸德国首都。一周前，这个大队还只限于在德国上空撒传单，传单上警告说："希特勒发动的这场战争将继续下去，它将和希特勒活得一样长。"

而现在，英国人把"纸弹"改为了"铁弹"，他们要让陶醉在胜利喜悦中的柏林尝尝空袭的滋味。

此时，柏林的上空乌云密布。从空中俯瞰地面，目标模模糊糊，若隐若现，只有不到半数的皇家空军轰炸机找到了目标。尽管如此，轰炸机飞行员们还是把所有的炸弹一股脑儿地扔了下去。

从天而降的炸弹使毫无准备的德国人十分震惊。尽管这次空袭给柏林造成的实际损失很小，但却在柏林引起了极大的恐慌。

不列颠战役开始前，戈林曾信誓旦旦地向元首、向所有的德国人保证，英国人的飞机绝对不可能飞到柏林来，更不会把炸弹扔在柏林，他还开玩笑地说："如果它们飞来了，你们就叫我农夫。"

为了预防万一，戈林对柏林的防空着实下了一番工夫。他在柏林市部署了里外两层高射炮和数以百计的探照灯。可是，当英国人突然袭来时，缺乏应有准备的柏林防空部队措手不及，而且那天晚上面对在厚厚的云层上飞临的英国轰炸机，他们是只闻其声，不见其影，只好瞎子打炮，乱轰一气，结果，一架飞机都没有打下来。

皇家空军对柏林的轰炸，使戈林狼狈不堪，真的有人在背后叫他"农夫"了。为了挽回脸面，他向希特勒保证说："以后不会再出现这种空袭了。"

但是，丘吉尔决定把轰炸柏林的行动继续下去，直到希特勒做出符合他意图的错误决定时为止。

三、报复性空袭

在皇家空军又接连对柏林进行了三次夜间空袭之后，希特勒坐不住了。他召见戈林并命令他准备好轰炸机部队，发动一次大规模报复行动。

9月4日，就在皇家空军进行了第四次夜间空袭之后，希特勒命令在柏林体育馆举行一次大规模的群众集会。

在这次集会上，希特勒慷慨激昂地进行了演讲。他说：

"丘吉尔先生正在展示他的新招术——夜间空袭，他进行这些空袭并不是因为这些空袭多么有效，而是因为他的空军无法在白天飞临德国上空。"

接着，元首让他的听众们放心，他计划对英国人这种愚不可及的做法采取坚决的行动："当他们说他们将加强对我们城市的袭击时，我们将把他们的城市夷为平地。我们将制止这些夜间空中的强盗行径，愿上帝帮助我们！当英国空军扔下3000公斤或4000公斤炸弹时，我们将在一次袭击中扔下30万或40万公斤炸弹……在伦敦，英国人一直在充满好奇地问：'他为什么不来呀？'别着急，别着急。我们就来了！就来了！……总有一天，我们两个国家会有一个要求饶，但这绝不会是国家社会主义的德国！"

就这样，希特勒在一个关键的时刻，犯了一个影响不列颠战役全局的关键性错误。

实际上，希特勒和戈林如果能坚持原来的空袭战略不变，德国空军很快就可以赢得这场战争。但性急的希特勒和戈林已经等不及了，他们考虑到英吉利海峡的秋季大风即将来临，如果不抓紧时间，德国入侵的舰船就不能在1940年跨过英吉利海峡，那么"海狮"计划就要告吹。可是，从海上入侵英国的最重要的条件——制空权，至今仍牢牢掌握在皇家空军的手中。

希特勒和戈林当然无法知道，此时皇家空军已十分接近于山穷水尽的地步。皇家空军的战斗机指挥部遇到了十分棘手的麻烦，问题不是出在飞机上，而是出在开飞机的飞行员上。自开战以来，皇家空军被击落的飞机和被击伤而无法立即修复的飞机以及那些在地面而被毁的飞机，虽然总数加起来已有数百架，但是，由于战斗机的生产得到了加强，飞机的损失及时得到了弥补。但皇家空军飞行员的损失却不能及时得到补充。仅8月份的最后20天，皇家空军的飞行员就有94人丧生或失踪，另外有60名飞行员因被打伤或烧伤住在医院里治疗。这样，就大大影响了皇家空军可以出动作战的飞机的数量。道丁上将为这事天天愁眉不展，也拿不出更好的办法。

德国人通过对战果统计和英国战机的出动情况分析认为，英国皇家空军虽然已损失了1100架飞机，但并未被摧毁。而德国空军自己的问题却迫在眉睫。每天可参战的飞机数字下降到低于建制的500架，补充受过训练的机组人员几乎跟补充飞机一样困难重重。

戈林沉不住气了。他建议最高统帅部采取新的战略，将空袭的目标转向摧毁英国首都伦敦。他认为有充分的理由相信，只有攻击伦敦，"才能迫使英国战斗机离开他们的窝，被迫与我们公开交手"。更重要的是，"这样做，可以使世界上这个最大城市陷入混乱和瘫痪，使英国政府和人民产生畏惧心理，从而屈服于德国的意志"。

在皇家空军对柏林实施几次夜间空袭之后，希特勒和戈林想到一起了，他们都认为应当立即改变空袭的重点，把伦敦作为空中打击的重点目标。

这一次，他们的算盘珠又拨错了。他们这样做恰恰中了丘吉尔和道丁的计谋，送给了被打得晕头转向、精疲力竭的英国空军一次宝贵的恢复机会。

完全可以说，是德军轰炸重点的转移拯救了濒临绝境的皇家空军，使几乎无力支撑的皇家空军战斗机指挥部得到喘息，使英国空军满目疮痍的扇形雷达站得以解脱，从而拯救了濒于崩溃的皇家空军，拯救了英国。

德国空军空袭目标的转移，是不列颠之战的重要转折点，它标志着空战的天平开始朝着有利于皇家空军的方向倾斜。

9月5日，戈林一大早就乘坐他的专列，来到了法国北部。次日晚上，在加来港和布洛涅港之间的一条铁路上，他为航空队的指挥官们举行了一次晚宴，宴会上有最好的法国葡萄酒和食品。戈林告诉他的客人说："从现在起，我将亲自指挥这场战役。"

指挥官们与他一起高喊着"胜利！"并干杯。宴会一直持续到凌晨才结束，列车中充满了胜利似乎就要到来的气氛。

12个小时之后，即9月7日星期六的下午，戈林下达了空袭

第七篇 伦敦空战

伦敦的命令后,来到了法国一个德军前线观察哨。站在山头上的戈林,此时圆圆的脸放着红光,他在等待着观看那令他激奋的一幕。帝国元帅兴奋得像个小孩子,等着农村集市的鞭炮点燃。

过了不多时,在他头顶上就出现了一批又一批的德国轰炸机。这些轰炸机呼啸着飞过狭窄的英吉利海峡,它们的目的地是伦敦。

9月7日的下午,当德国大批机群起飞准备轰炸伦敦时,英国空军上将道丁正在本特利修道院里办公。

修道院外面天气晴朗而温暖,可是道丁的办公室里却弥漫着大难临头的阴森寒气。

他的助手空军少尉怀特带着一脸凝重神色来到他的办公室,有些不安地对他说:"雷达发现德国大批飞机起飞,轰炸目标难以判断。"

两人来到了调度室的观望台,他们看着下方那张桌子上铺开的一张英吉利海峡和英国的巨幅地图。"空军妇女后援队"的姑娘们穿着蓝色的衬衣,头戴耳机,正在用长棍子推着地图上的板块。每个板块都代表一个机队,是敌机还是皇家空军的飞机则要看它是什么颜色。随着新的情报不断从外面的监测站传来,这些板块的位置也在迅速地移动着。板块在桌上移来移去,而且不断有新的板块被放到桌子上,所有这些看上去就像一盘正在进行的巨型轮盘赌博游戏。

道丁此时已能看出,图上摆出的这个进攻阵势的确很大,所有的迹象都表明这可能是迄今为止最大的一次进攻。大约有250架轰炸机和500架战斗机在海峡上空了,而且还有更多的飞机在加来后面聚集。

道丁全神贯注地看着地图,当他看到皇家空军第11大队的指挥官帕克"喷火"式和"飓风"式飞机已经升上天空时,才松了一口气。

道丁知道,帕克将指挥他的飞行员们按既定的战术行动。在过去两周的空战中,这套战术十分有效。皇家空军的战斗机飞行员驾机在7000米的高空盘旋待机,他们通过电话通信系统每分钟都能从战斗机指挥部得到情报。德国空军大型机队通常是在到达英国海

150

岸上空时再突然分开，分别进攻不同的目标。此时，在高空待机的皇家空军指挥官一旦得知进攻的德军机队分散了，便像猎人第一眼看到狐狸那样，大喊一声"嗬嗬！"后便命令飞行员们分别出击。随后，皇家空军的飞行员就会一队队地俯冲下来，与敌人战斗，在敌人尚未到达目标之前尽可能多地击落敌机。

当道丁注视着那幅大地图，想着皇家空军将如何行动时，突然产生了一种不良的预感，他后来回忆说，当时的感觉"犹如一把匕首插进了心脏"。他想：如果进攻的飞机这一次不散开，而是一起整体行动那该怎么办？如果他们突然进攻伦敦怎么办？英国空军根本没有应对这种意外的准备。想到这里，道丁不禁打了一个寒战。

正在这时，道丁听到他的助手说："这就怪了，他们好像并不准备散开，是吗，先生？"

大约有250架轰炸机，在500架"梅-109"和"梅-110"的护卫下，正在飞往英国的途中。

第一批飞机自东边飞过来后直奔泰晤士河。它们沿河而上，有几架飞机把炸弹投到了泰晤士河边的油罐上，这些油罐被点燃了，大火熊熊燃烧着。

另外一批大约150架飞机则向伦敦飞去。这些轰炸机飞得比平时高很多，达到了5000米的高度。在这些轰炸机的水平高度，由"梅-110"飞机编队在四周护航；在这些轰炸机的上面，"梅-109"飞机以梯状队形迂回巡逻，随时准备对付皇家空军的战斗机。

此时，空中显得特别安静，没有发现一架皇家空军的战斗机进行拦截。原来，英国战斗机部队估计德军轰炸的目标还会是皇家空军的战斗机基地，他们全都起飞去保卫这些目标，恰好让出了飞往伦敦的通道。

当德机到达泰晤士河上空时，部署在两岸的英军防空炮火开火了，火力逐渐加强。但是，由于飞机飞得太高，高射炮炮弹爆炸时的白色烟团在进攻者看来与其说是一种威胁，还不如说是在向他们鸣炮敬礼。德国的飞机像一列有条不紊、方寸不乱的阅兵队伍，继续向着伦敦前进。

很快,伦敦城的轮廓出现在德军轰炸机乘员的目光中,飞机开始"下蛋"了。

遭到轰炸的第一个目标是位于泰晤士河南岸的伍尔维奇兵工厂,英国陆军的炮弹和皇家空军的炸弹都是在这里生产的。炸弹直接击中了厂区目标,滚滚的浓烟和熊熊的烈火像一支支巨大的火箭直冲下午的天空。

■ 德军大规模轰炸伦敦,从这张照片上可见泰晤士河鱼贯而过。

另一个目标是伦敦港口区的码头和仓库重地,这个城市绝大多数的供给都是由外面运到这里的。接下来的目标是维多利亚和艾尔伯特码头、西印度码头和商业码头。当炸弹落到这些地方时,轮船沉没,桥梁和人行道被炸塌,起重机倒在水里,泄漏在水面上的油熊熊燃烧起来。

后面飞来的轰炸机已不需要指示目标,那些飞行员只要看见他们下面有烟有火就往下投弹。

德军轰炸机的轮番攻击，很快就把伦敦东区简陋的街道和过于拥挤的房屋炸成了废墟。西弗尔、坎宁、莱姆豪斯、巴尔金、泰晤士河大桥、坡普勒和米尔沃尔区都成了一片瓦砾。

■ 遭轰炸后的伦敦

那些未被埋在碎砖乱瓦下的居民收拾起包裹，把大包小包塞进婴儿车或手推车里，连滚带爬地往城外逃，他们估计夜幕降临后会有更多的炸弹落下来。他们估计得一点儿也没错。

惊慌失措、狼狈不堪的皇家空军不顾一切地想挽回颓势。帕克已经把第 11 大队的所有飞机都派上了天，并急速飞往伦敦。道丁命令第 12 大队的司令官马洛里立即全力支援帕克。

很快，两个大队的战斗机撕开了由"梅-109"和"梅-110"组成的保护层，皇家空军的战斗机飞行员们带着决一死战的决心，向那些轰炸机俯冲下去。

伦敦人惊恐万状地盯着天空，看到一架又一架的德国轰炸机起火冒烟，向那些被毁的街道废墟栽下去。这时，他们惶惶不安的心情总算得到了一些缓解。

然而，皇家空军打得太晚了，破坏已经造成，大约有400人死亡，上千人受伤。伦敦的码头遭到了严重的破坏。东区被毁使这个城市的许多人无家可归。德国飞机在返回基地时，被击落47架。

这一次，德国人有充分的理由认为，他们将伦敦的对空防御系统大大地嘲弄了一番。

戈林打电话告诉他的妻子说："英国首都已是一片火海。"随后，他又通过电台向德国人民发表了讲话。他以充满狂喜的声调对德国人民说："伦敦已成为德国空军的靶子，我们一拳击中了敌人的心脏。"戈林还向德国人民保证，今后这种打击将会更多。

四、"黑潭战线"

伦敦的被袭，使道丁深感内疚。他知道，是自己在指挥上的疏忽增大了不应有的损失。

次日，道丁下令从战事不是很激烈的防区抽调最优秀的飞行员来加强第11航空大队力量，同时，还从南部、西部和中部各城镇的防御系统中撤出许多重型高射炮连，火速开赴伦敦。几天之内，首都上空逐步建立起一道密集异常的火力网，这道火力网虽然没能击落多少进犯的敌机，但却使它们不敢肆意横行。

幸运的是，9月8日德国空军并未再次大规模空袭伦敦。可是，在9月9日，又有200架以上拥有强大护航力量的轰炸机于下午5时至6时空袭伦敦。不过，这回皇家空军已经有准备了。

就在雷达站刚刚发出有大量敌机飞越英吉利海峡的警报时，皇家空军的"喷火"式和"飓风"式飞行中队就立即起飞了。

当德军第一批几乎全被战斗机团团护卫着的轰炸编队飞入多佛尔上空时，帕克的两个飞行中队猛扑了上去。

皇家空军得到的命令是："飓风"式战斗机袭击敌轰炸机，"喷火"式战斗机对付敌战斗机。

英德两方的战斗机一对一地追逐紧咬，展开生死搏斗，蔚蓝色的晴空布满了一道道令人眼花缭乱的白色雾化尾迹。这是给德国轰炸机飞行员的有力警告：休想在不受到攻击的情况下到达伦敦上空。

在苏塞克斯上空，帕克的另外三个飞行中队向一群德机发动猛攻。皇家空军战斗机的凶猛攻击把德军轰炸机赶到西面，使其陷入了帕克另一个飞行中队和由达克斯福德起飞的整整一个联队的攻击之中。德机顾不上瞄准就仓皇投弹，炸弹散落在伦敦的西南部以及切尔西和里士满之间的伦敦郊区。

在这批德国轰炸机中，能飞临伦敦居民区的连一半也不到。几乎没有什么军事目标和工业目标被击中；德国空军损失28架飞机，皇家空军损失19架战斗机。

如果说首次空袭伦敦的成功，曾使得某些德国人相信皇家空军已濒于山穷水尽的地步的话，那么，这一次皇家空军战斗机所表现出的强大威力，则使得他们大为惊恐。在皇家空军的辉煌战果面前，戈林所有的大话都显得十分荒唐。同时，这也使德国海军作战参谋部有理由强调说：很明显，德国还没有取得入侵所必须的无可争辩的空中优势。

9月10日，德国空军再度猛烈空袭伦敦。一支由100架轰炸机组成的机队在密集如云的梅式飞机的簇拥下，成功地窜入船坞区和市区上空，造成巨大破坏和惨重伤亡。同一天下午，一支编队严密的德国机队准确地轰炸了南安普敦附近一家新建的飞机厂。

这一天，皇家空军确实不走运，因为它在击落29架德机的同时，自己也损失了25架飞机。

9月14日德机对伦敦的第四次白昼空袭只遭到微弱的抵抗，德国空军以14架飞机的代价击毁了14架皇家空军战斗机。

9月10日以来的情况似乎表明，皇家空军的战斗力受到了很大削弱。在这种情况下，希特勒预先通知三军将领，准备实施"海狮"计划。

但是后来，皇家空军轰炸机部队的英勇作战，使希特勒不得不又一次推迟计划。

9月初，德国已在法国各港口内集结了1000艘以上的驳船，此外还有600艘停泊在内河上游的安特卫普港。这些船只成了皇家空军轰炸机部队的大好目标。

每天晚上，这些轰炸机携带着最大限量的炸弹，飞越海峡作近程轰炸。在两个星期的持续轰炸中，它们不仅炸毁了20%的准备入侵的船只，而且还摧毁了港口附近的登陆器材和通信设备，阻止了对已选定的入侵航道的扫雷工作。

英国轰炸机上的飞行人员从飞机上可以清楚地看到，每天晚上，从布伦到奥斯坦德这一带的整个法国海岸，似乎被吞噬着驳船和港口设施的烈火抹上了一层红色，无数颗炸弹就在这一大片火海中纷纷开花爆炸。这番景象，再加上无休止地向他们驾驶的轰炸机射来的各种色彩的曳光弹雨，构成一幅奇特的图画，他们幽默地将这段海岸线称为"黑潭战线"。

第八篇
皇家空军显神威

　　第二次世界大战中规模最大的空战结束了。德国发动战役的目的是彻底征服英国,为主宰整个欧洲扫除障碍,但它的目标没能实现,英国从此则成为欧洲抵抗运动和盟国反攻欧洲的基地。不列颠空战,是德国在第二次世界大战中首次失败的战役。

第八篇 皇家空军显神威

一、"不列颠空战日"

9月15日，戈林决定给伦敦开一付剂量更大的药方。他命令他的轰炸机和战斗机竭尽全力进行"一场最大的战斗"。

这位德意志的帝国元帅在过去的一个星期里，时而欣喜若狂，时而疑虑满腹。一方面，有关英国首都遭到破坏的报告使他欢欣鼓舞，他已完全相信，伦敦人死得越多，英国其他地区要求讲和的愿望就会越强烈。有好几次他向他的下属保证："海狮"行动将无需执行了，因为德国空军显然已经控制了英国的天空，无需一个德国士兵打到英国海岸，仅靠空军就能把英国人制服。

而另一方面，当戈林听到德国空军在英国上空受损失的报告时，他又陷入深深的沮丧之中。当他有一次去视察在法国北部的德国空军部队时，所到之处怨声载道，这使他闷闷不乐。轰炸机部队说他们得不到足够的保护，战斗机部队说伦敦处于航程极限的边缘，所以他们只能打一二十分钟的仗就得飞回来。

战斗机和轰炸机部队的将领都在为日益增多的损失发愁。轰炸机不断地被那些德国空军情报部门宣布为不复存在的皇家空军的战斗机中队所击落，战斗机也接二连三地被打下来，因为它们燃料不足，无法在空中的激战中随机应变。还有一些飞机因为油料耗空，栽在加来的海岸上。

戈林极尽花言巧语安慰这些满腹怨气的部队，他向官兵们保证，再进行最后一次大规模的白天袭击，就会全部结束，万事大吉，皇家空军将被一举全歼，而伦敦遭受的打击如此沉重，它除了叫饶之外别无选择。

然而，此时的德国空军，已非空战开始时的德国空军了。其轰炸机力量已丧失一半，战斗机也损失严重。为了使一支战斗机队在掩护了一批轰炸机出击之后立即再去掩护下一批，德国空军指挥官们不得不煞费苦心地安排轰炸机的出击和战斗机部队的护航。

9月14日晚，德国空军指挥部根据戈林的指示，经过精心筹划，制定了第二天的作战方案。他们要将自己的全部力量拿出来，在英格兰南部与皇家空军决一死战。

1940年9月15日，星期日，一个金色秋日的黎明来到了。

这天天气晴朗，阳光温暖宜人，能见度良好。年轻的皇家空军战斗机飞行员早已在整个英格兰东南部和伦敦周围的机场值班室内集结待命。

指挥皇家空军英格兰南部空战的，是第11航空大队的帕克少将。9月14日整个晚上，他在指挥部彻夜未眠。根据所掌握的情报，他知道第二天德军将出动大批飞机进攻，他与指挥部的其他人员共同制定了一个周密的应对方案。

9月15日上午，英国首相丘吉尔也来到了位于地下15米的帕克的作战指挥室。

第11航空大队作战指挥室像一座小剧场，纵深约20米，一共有两层。首相坐在楼上的特别座厢里。在他的下面是一张大型地图台，台的周围约有20名受过良好训练的青年男子和妇女，以及他们的电话助手。在首相的对面，悬挂一块遮盖了整面墙壁的大黑板，黑板分成6个装有若干灯泡排列的纵行，代表6个战斗机驻防中心，这些驻防中心的每个战斗机中队又有它自己的小格，并且用横线划开。当最下面的一排灯泡亮了的时候，就表示中队已经完全作好准备，能在命令下达后两分钟内"立即起飞"；倒数第二排灯泡亮了的时候则表示中队已经"准备完毕"，能在5分钟内起飞；倒数第三排灯泡表示中队已经将要作好准备，能在20分钟内起飞；倒数第四排灯泡亮时，表示中队的飞机已经起飞；倒数第五排灯泡亮时，表示中队已经发现敌机；倒数第六排灯泡是红色灯泡，当这排灯泡亮时，表示中队正在与敌机战斗；而最上面的一排灯泡亮时，则表示中队已在返航。

在首相的左边一个类似玻璃座厢的小屋子里，有四五名空军军官负责分析、判断从对空监视哨收到的情报。右边是另外一个玻璃座厢，里面是陆军军官，负责报告英国高射炮队的作战情况。

首相在特别座厢里坐了一会儿，向楼下走去。看到首相走来，帕克迎上前去说："我不知道今天会不会发生什么情况，目前还平静无事。"

丘吉尔看到，帕克满面倦容，一副心事重重的样子。是啊，保卫伦敦的重担，压得他喘不过气来。

一刻钟以后，作战指挥室的气氛紧张起来了。丘吉尔看到，空袭坐标员开始来回走动，把接到的敌机入侵的情况摆在大型地图台上。

据报告，40多架敌机正从迪埃普地区的德国机场飞来。当各个中队完成"立即起飞"的准备时，墙上的指示牌底层的那一排灯泡也随着亮了。紧接着传来了"20多架"、"40多架"的信号，很显然，10多分钟后就要进行一场激烈的战斗了。天空中开始布满了英德双方的飞机。

信号接连传来，"40多架"、"60多架"，甚至有一次是"80多架"。在首相下边的那张桌子上，标图员们每分钟都在沿着不同的飞来的路线推动队标，标明所有分批入侵的敌机的行动；首相对面的黑板上，一个接一个地亮起来的灯光表示皇家空军的战斗机中队已经飞入上空，直到最后只留下四五个中队处于"准备完毕"的状态。

转眼之间，第11航空大队所有的战斗机中队都已投入战斗。此时有些飞机已经开始飞回来加油了。所有的战斗机都在天空中，下面一排灯光熄灭了，这表明留作后备的中队，一个也没有了。

这时，帕克打电话给驻在斯坦莫尔的道丁，要求从第12战斗机大队抽调3个中队归他指挥，以防万一当他的战斗机中队正在补充弹药或加油时，敌人再来一次大袭击。

道丁满足了他的要求，3个增援的中队很快就加入了战斗。

这时，战场形势依然十分严峻。丘吉尔觉察到，帕克显得有点焦躁不安。从战斗打响到这时为止,丘吉尔一直是默默地察看,没有说过一句话。

现在,丘吉尔走到帕克身旁,轻声问道:"我们还有什么其他的后备队吗?"

"一个也没有了。"帕克空军少将在回答首相的问话时,心情显得很沉重。

丘吉尔心里很清楚,此时皇家空军的飞机大多数需要返回基地加油了,如果加油的飞机在地上又受到"40多架"或"50多架"敌机袭击的话,那损失将会有多么惨重啊!首相不由得担心起来。

事实上,当时的情况的确很危急,如果这时真的有几十架德国飞机进攻,帕克没有任何对付的办法。

又过了5分钟,黑板上的灯泡显示,大部分的中队都已降落,它们需要加油。

此时,指挥部的气氛好像凝固了,人人都瞪大眼睛盯着地图台,看着上面标示的德国飞机运动的方向。

真是万幸,桌子上移动着的坐标表明德国轰炸机和战斗机不断地向东移动,它们飞回去了。几乎所有的人都长长地出了一口气。

最高兴的就数帕克少将了,他喜形于色地对丘吉尔说:"首相,我们感到高兴的是,你亲自看到了这次空战。在最后20分钟,情况太复杂了,我感到几乎无法应付了。你由此可以看出我们目前力量的极限,今天使用的力量远远超过了我们力量的限度。"

丘吉尔的心情也很好,他微笑着问帕克:"战果报上来了吗?"

"还没有。"帕克回答。

"报上来后赶快告诉我,"丘吉尔接着说,"这次打退敌人进攻的空战打得很好,我向你们表示祝贺!"

帕克回答说:"我感到不满意的是,我们截击到的敌机不如原来所希望的那样多。显然,敌机突破了我们的许多防线。据报告说,有好几十架德国轰炸机及其护航战斗机进入了伦敦上空。"

"关键是我们取得了胜利!"丘吉尔安慰他说。随后,首相就离开了作战指挥室。

二、气馁的行动

午后刚过两点，雷达再次发出警报，德军又发动了第二次攻击，德机在丹季讷斯和多佛尔之间进入海岸，分成3个编队向伦敦飞来。

帕克命令6个中队成双起飞，去迎击尚在海面上空的敌方机队。

当德国飞机像无边无际的潮水似的再次越过海岸时，又有两组成双的飞行中队和三个单独行动的飞行中队迅速飞向敌机。它们是巴德的联队和布兰德的若干战斗机中队。

这次飞来的德军轰炸机群，可没有层层战斗机为其护航了。在上午的激战中，德军有大量的"梅-109"机被击落或遭重创，德军的护航机更显不足了。

此时，云层开始从英格兰东南部上空向伦敦上空压来。向伦敦隆隆飞来的德国轰炸机群编成两支单独的机队，各由一支小小的"梅-109"机队紧密护航着。与此同时，一支奉命扫清伦敦上空英国战斗机的高空飞行的德国战斗机庞大机队也向伦敦涌来。

皇家空军的战机与敌人交火了。从霍恩彻奇起飞的战斗机在肯特上空与德机展开激战，由坦格米勒起飞的两个飞行中队扑向德军轰炸机队的左翼，迫使多架德机仓促投弹，匆匆逃窜。

当德国战斗机队的前锋机群到达特福以及肯特周围的乡村上空时，遭到皇家空军大约15个战斗机中队的阻击。

虽然德国飞行员因碰上比以前更为众多的"喷火"式和"飓

风"式飞机而大为震惊,但他们还是相当勇敢地迎战。战斗机旋转翻滚,在深邃蔚蓝的9月晴空里,到处飘散着一条条纵横交错的白色雾化尾迹。

在德国战斗机的顽强护卫下,一部分德国轰炸机得以对其目标施以轰炸。泰晤士河两岸地区广泛遭到破坏。

那天下午,德机对波特兰的牵制性攻击虽然避过了英国战斗机的截击,设法到达了目的地,但是并没有造成多大破坏。与此同时,飞去轰炸南安普敦附近"喷火"式飞机工厂的密集机队,虽然也躲过了战斗机的截击,并在离地面仅600多米的低空投弹,但并没有命中目标。

正当伦敦上空的空战达到高潮的时候,一批较小的德国轰炸机,无战斗机护航,越过海峡向波特兰飞来。防空雷达提前半小时发出了预警,但是低估了来袭德机的兵力。此外,德机选择的是一条十分出人意料的进入航线,使得全波特兰地区只有一个阵地上的高炮可以对其射击。更为糟糕的是,由于增援了第11大队,当时在米德耳瓦洛普防空分区只剩下一个中队可供使用,结果该中队只是在德机返航途中进行了截击。6时左右,另一批德国轰炸机在双发动机战斗机的护送下接近汉普郡海岸。提前20分钟的预警使得第10和第11大队来得及在德机到达之前派出4个中队,后来又派出了1个中队,但在德机投弹之前都没有能够截击上。

9月15日结束时,德国空军轰炸机飞行员的士气空前低落,尽管这一天德机在对伦敦的两次袭击中,被击落的实际数目不超过60架(皇家空军损失26架),但是有好几十架轰炸机摇摇摆摆地返回基地时,已是千疮百孔、弹痕累累,许多飞机上都有一名或一名以上的空勤人员被打死或受重伤。至于德国战斗机飞行员,尽管表现不错,但当他们看到那些据说早在几天前就被撵出了天空的"喷火"式和"飓风"式飞机反而明显地不断增强时,也越来越感到气馁。

这一天,皇家空军两次都出动了300架以上的战斗机在英格兰南部上空飞行作战。

在这个具有特殊意义的日子之后,德国空军再也不想找机会同

第八篇 皇家空军显神威

■ 被击落的一架德国轰炸机的残骸

皇家空军展开大规模的战斗机交锋了。

9月16日，德国空军的战斗机和轰炸机几乎全部躲在老窝里舔肉体上和精神上的创伤。

"不用说，我们的轰炸机和战斗机部队在物质、人员和士气等方面，都蒙受了惨重的损失。每一个飞行员都对是否能继续开展空中攻势表示怀疑。"德国战斗机飞行员加兰这样写道。他说："事物不可能总是一成不变的，你可以好好算一算，什么时候该轮到你了。概率论的逻辑无可争辩地向我们显示：'一个人经过这么多次的飞行，死期也不远了，有些人早一点，有些人晚一点。'……我们看到一个又一个同伴，久经战斗考验的老战友，相继从我们的行列中消失了……"

甚至在德国空军还没有在轰炸伦敦中遭到灾难性失败的时候，加兰就曾毫不迟疑地把他的想法向上级和盘托出："戈林不愿明白，他的德国空军，这把光华闪烁而且至今一直是所向披靡的利剑，有可能在他手中锋刃俱损。"加兰写到："他认为这主要出于战斗精神不足和对最后胜利缺乏信心……我力图向他指出，'梅-109'机在进攻中性能较为优越，但是纯粹为了防御目则不及'喷火'式飞机来得适宜，'喷火'式虽然慢些，但机动性能较佳。他拒不接受我的反对意见。我们德国战斗机飞行员听到了更多的严厉呵斥。最后，他快要走了，态度也比较和蔼些了，他问我们各中队有什么要求……我毫不迟疑地说，我想为我们的机队要求配置一批'喷火'式飞机……我厚着脸皮提出这样唐突无礼的要求，使戈林哑口无言。他跺了跺脚，大发雷霆地走开了。"

9月17日，希特勒本人也承认，皇家空军"仍然丝毫未被击败"。他决定，入侵暂不实施，"以待后命"。

第二天，由于英国轰炸机司令部的空勤人员倾全力猛烈轰炸供入侵使用的驳船，元首又命令所有的驳船立即疏散。就这样，德国谋划已久的全面入侵英国的"海狮"计划，实际上已经泡汤了。

9月15日以后，德机空袭骤然转入低潮。不过情况还是相当可怕，令人怵目惊心。一夜又一夜，德机对伦敦和其他大城市，如伯明翰、利物浦、考文垂、南安普敦等地进行狂轰滥炸。但是，这些轰炸再也没有达到9月15日那样的规模和强度。交战双方都竭尽全力，去赢得此次空战的胜利。

这是决定前途命运的殊死搏斗。

德军终于狼狈逃窜了！在这个具有特殊意义的日子之后，德国空军再也不敢与英国空军进行大规模的拼杀了，它再也损失不起了。丘吉尔激动地说：这一天是世界空战史上前所未有的、最为激烈的一天。

英国空军如此快的复苏使德国惊恐不已。戈林看到，他的自负以及无能已使他在希特勒面前失宠，其他各军种也对他怨气冲天。为了尽可能减小损失，戈林下令：从10月1日开始，对伦敦的空袭改为夜间进行。

2日傍晚，由1000多架飞机组成的德国庞大机群又起飞了，它要再次把死神带给伦敦。尽管英国空军全力起飞拦截，但效果不甚理想。英军对夜间城市防空还缺乏足够的经验，大批德国轰炸机成功地飞抵伦敦上空。顿时，整个城市拉响了空袭警报，灯火管制

第八篇 皇家空军显神威

使街区陷入一片黑暗。探照灯光束像一把把锋利的宝剑在空中扫来扫去，为地面防空部队和战斗机搜寻目标。只见各种飞机时而俯冲，时而拉升，一股股冲天烟火随之而起，一架架飞机拖着浓浓的黑烟栽向大地，整个伦敦街区看上去好像正承受一场空前的大劫难。

德国空军的夜袭使英国防空陷入了很大的被动，至1941年2月，德军共出动飞机2.4万余架次，被击落156架；而伦敦则遭受了惨重损失，附近其他城市也受到了不同程度的破坏，其中最为严重的是航空工业中心考文垂，德军向那里投了1.6万余吨炸弹，整个城市几乎被毁，12家飞机零件工厂也遭到严重毁坏。

英国空军面对这种被动局面想出了各种办法：一方面，他们用飞机装载探照灯配合地面探照灯部队为战斗机照明，并在德机来袭前大量施放阻拦气球；另一方面，以无线电干扰德国空军的夜间导航设备，破坏德机投弹命中率。他们还及时研制出了炮瞄雷达、战斗机夜航设备和机载雷达系统等一批全新武器装备。所有这些措施有效地遏制了纳粹空军的猖獗进犯，从而减少了伦敦的损失。

黑沉沉的夜幕成为德军轰炸机大发淫威的帮凶。一到夜晚，德国轰炸机就飞抵伦敦和英国其他城市上空。德军飞机在夜空中大摇大摆、肆意横行，前面的轰炸机将燃烧弹投向目标区，后面的轰炸机便寻着烈焰投下各种杀伤弹。在伦敦码头上，在拥挤的贫民窟，在首都的食品店，在这个世界上最大的城市之一，到处都是猛烈的炸弹爆炸声。燃烧弹使伦敦大街小巷变成了一片残垣断壁，玻璃碎片比比皆是。德国法西斯不久前在华沙和鹿特丹制造的恐怖，正展现在伦敦百姓的面前，人类正义又一次遭到摧残和蹂躏。

夜间轰炸还给伦敦市民带来了一种特有的恐怖感，人们难以忍受在防空洞内度过空袭的夜晚，德国空军的夜袭使英国城市陷入了苦难。夜间空战给皇家空军带来了种种新的难题。尽管英国空军全力起飞拦截，但初期的效果不甚理想，皇家空军对夜间城市防空还缺乏足够的经验。当时英国皇家空军战斗机部队的24个中队中，只有8个战斗机中队可以用于夜间截击，2个为"挑战者"式中队，6个为"布伦汉姆"式中队。这2种飞机的性能不佳，在白天对敌空战都不得力，更甭说用于夜战了。而部署在伦敦附近的高射炮和探照灯等防空武器数量严重不足，其中重型高射炮只有92门。当时，整个英军防空部队中，射高为7600多米的重型高射炮兵连只有32个，而射高为1800多米的轻型高射炮兵连只有22个，探照灯连仅有14个，光柱只能照到3600多米高。这些防空武器的威力有限，远远不能满足偌大个城市的要求。更困难的是，一直在防空作战中发挥重大作用的"千里眼"雷达网，也爱莫能助。因为英国的雷达站主要部署在沿海地区，内陆地区基本没有。敌机在内陆上空的活动情报应该靠遍布各处的对空观察哨提供，可是在夜间，所有对空观察哨只能望着黑洞洞的夜空，无能为力。夜间轰炸使德军轰炸取得了成功，德军轰炸机损失也明显降低。10月份被击落的仅为325架，远远低于8月份的662架和9月份的582架。但是，英国皇家空军很快地吸取了教训，并调整了部署，加强了兵力。特别是指挥防空炮队的派尔将军，迅速地把高射炮从别的城市抽了出来，伦敦的高射炮数目在2天内增加了1倍多。为了振奋人心，首相丘吉尔还特意命令把几门高射炮配置到市中心的海德公园内。在一些敌机可能窜入的重要地点上空例如泰晤士河口，升起了防空气球……此后伦敦防空进入了一个崭新的阶段。每当德军飞机入侵，顿时整个城市响起了刺耳的空袭警报。灯火管制使街区顿时变成一片黑暗，整个城市隐蔽在夜幕里。突然，为地面防空高射炮和战斗机搜寻目标的探照灯光束，像一把把锋利的宝剑向天空射去，在空中扫来扫去。整个天空又变得如同白昼，甚至比白天更为光亮耀眼。德军飞行员根本看不清下面的目标。当探照灯照亮夜空时，展现在伦敦市民眼前的是另一幅空中搏斗的舞台，数百门高射炮轰隆隆地对空齐射，从四面八方带着火光和怒吼，在天空编织出一张张红光闪烁的罗网。尽管有时高射炮夜间射击效果不很明显，但是那种震耳欲聋的炮声使居民们大为满意，无不欢欣鼓舞。随着炮手们射击技术的熟练和提高，德军入侵飞机被击落数量大大增加了。有时高射炮队暂停射击，让皇家空军战斗机冲上夜空截击敌机。只见皇家空军的各种飞机冲入被探照灯光柱死死"咬"住的

第八篇 皇家空军显神威

■ 德国空袭来临的警报拉响之后，市民躲在地铁站的站台和铁轨上藏身和休息。

敌机群里，时而俯冲，时而拉升，一股股雾化尾迹在夜空狂奔飞舞，还不时从空中传来咚咚的射击声。偶尔，被高射炮或战斗机击中的德军飞机顿时化作火球，伴随着刺耳的尖叫声从天而坠，爆炸声和冲天硝烟随之而起，把大地震得微微颤抖。时而一架又一架飞机拖着浓浓的火光划破夜空栽向地面，跳伞的飞行员在空中若明若暗，飘然而下。伦敦市民真是备受鼓舞，欢呼雀跃。许多人情愿留在街上观战而不愿钻进防空洞……为了灭火，一个规模巨大、遍布整个伦敦的防火瞭望哨和消防队很快成立起来了。最初，防火瞭望哨都是志愿人员，可是需要的人数太多了，而且每一个伦敦人都有强烈愿望轮流担当这一工作。不久，防火瞭望哨就成为义务性的了。这种工作对各个阶层都起着鼓舞激励作用，妇女们也争先恐后地要求参加。大家踊跃参加训练班，以便学会如何处理敌人的各种燃烧弹。人们虽然夜复一夜地冒着敌人的轰炸呆在瞭望的房顶上，除了一顶钢盔几乎什么也没有，可是他们仍坚守岗位。

9月5日，英国轻型轰炸机攻击了德国在法国的2个基地。9

月7日夜里，英国皇家空军的重型轰炸机首次对德准备发动入侵的港口发起了猛烈的攻击。皇家空军一个轰炸机飞行员战后写到："当时的情景真壮观，令人惊叹不已！法国加来的码头燃起冲天大火，布洛涅的滨水区成为一片火海，火舌在风中跳动狂舞着……整个法国海岸像筑起一道火的屏障，只是偶尔被炸弹密集爆炸的闪光和燃烧弹呼啸乱舞的曳光打断。"皇家空军对从勒阿佛尔到安特卫普，从安特卫普到布伦的整个沿海各个港口的攻击，使拥塞在那里的德国船只遭到很大的损失。从9月7日开始轰炸到10月12日希特勒宣市取消入侵为止，皇家空军共击沉击损德国运输舰21艘，驳船214艘，拖船5艘，汽艇3艘，这个数字约占德国入侵英国而集结的船只总数的20%。一般人很难想象，对集结在有高射炮和探照灯把守的现代港口深处的德国驳船和其他船只进行轰炸有多难。皇家空军与其说是"摧毁"德国的侵英作战准备，不如说是"骚扰"更贴切一些。然而，它沉重打击了德国侵略者的嚣张气焰，使之对仅有一峡之隔的英国望而却步了。皇家空军对德军的空袭极大地鼓舞了英国民众，整个英国都为数量上处于劣势的皇家空军的尽心尽职而自豪和骄傲，特别是皇家空军攻击柏林和德国港口的消息，更使英国人民欣喜万分。德国空军轰炸英国时可以从法国等国基地起飞，距离大大缩短，而英国轰炸机飞抵柏林的距离是德国轰炸机飞抵伦敦的5倍，因而载弹量较少，况且遭到防空炮火袭击的危险性更大。对柏林最猛烈的攻击是9月23日至24日，英国皇家空军轰炸机指挥部派出119架轰炸机袭击柏林。其中84架飞机抵达目标区域，唯一最成功的轰炸是在夏洛腾堡，燃烧弹炸燃了一个煤气储存罐。可是也有许多炸弹没有爆炸，包括一枚投到希特勒官邸花园里的炸弹，它把希特勒的卫队吓得魂飞魄散，可最终却是有惊无险。这次轰炸死亡22个德国人。

9月16日，皇家空军的轰炸机空袭了正在进行大规模入侵演习的德国部队，使人员和登陆舰只遭受到惨重损失。运回柏林的被打死和烧伤的士兵整整装了2长列救护火车。结果，在德国以及欧洲大陆许多地方都流传开这样的消息：德国人确已试图登陆，但是被英国人打退了……在德军还沉浸在失利的沉闷之中时，英国皇家空军借胜利的余威发起了攻击。

9月15日晚上，以及16日、17日，皇家空军轰炸机队大规模持续轰炸了准备发动入侵的德军停泊港，使德国海军遭到严重打击。从布洛涅到安特卫普的各港口内的船舶，遭到了猛烈轰炸，安特卫普遭受的损失尤其严重。海军将领纷纷向元首报告所受损失。

9月17日，希特勒不得不同意海军参谋部的意见，认为英国皇家空军仍然没有被打垮，德国空军并没掌握英伦三岛的制空权。纳粹统帅不情愿但只能再次推迟登陆行动。

戈林对这样的空袭行动也逐渐失去了兴趣，他将自己的指挥权暂时交给了加兰将军，自己则在法国游山玩水，收集名人字画和艺术品。戈林对艺术品的酷爱，到了近于疯狂的地步，到第二次世界大战结束时，沦入戈林之手的艺术品的价值已高达数亿美元。德军占领区的艺术品商人们称戈林为"那个来自柏林的强盗"。而戈林本人却厚颜无耻地宣称："我收藏的艺术品，都是用最合法的手段，最公平的价格获得的。"德国军备和战时生产部部长阿·施佩尔在自己的回忆录中写到："对戈林这位国家第二号人物掠夺艺术品的行为，希特勒常常怀有愤恨之情，但从来不敢当面责问他。"

三、德国的忧虑

德国空军9月15日受到的挫折，必然使他们对战役新阶段开始以来采用的战术方针产生了怀疑。9月7日以后，德国空军已经损失飞机200余架，其中半数以上为轰炸机。英国方面认为，有许多德机之所以被击落，是因为直接护航的战斗机的数量不足。而德国战斗机的飞行员却持不同的看法。他们认为，对行动缓慢、载荷沉重而又飞得很高的轰炸机进行直接护航，是他们力不从心的事。戈林曾经有一次问过德国空军第26轰炸机联队的联队长，怎样才能提高他获得成功的机会，回答是"我请求用'喷火'式飞机装备我们的战斗机部队"。为了同他们的保护对象齐驱并进，护航战斗机不得不采用蛇形航线，因而要时时远离轰炸机，丧失了某些行动上的自由权。当有人问戈林他本人对此项争论将如何裁决的时候，戈林表示同意轰炸机人员的意见。

9月16日和17日，恶劣天气使德机未能对伦敦实施昼间轰炸，而希特勒也正是在17日下达了无限期推迟"海狮"作战的命令。姑且不论究竟是什么原因促使他做出了这个决定，从表面上看，至少说明德国空军没有能够完成任务。从此以后，德军最高统帅部放弃了通过昼间轰炸以获取迅速胜利的希望，而恢复采用通过夜间轰炸和海上封锁的方法以削弱英国的抵抗能力的方法。

话虽如此，昼间空战并没有因此而宣告结束，每当天气条件较好时，德军仍继续对伦敦进行攻击。在9月的剩余日子里，每天都有轰炸机小编队攻击伦敦，其中有几次对飞机工厂进行了大胆的攻击。德国战斗机除了对较大的机群提供护航和掩护以外，还进行牵制性的游弋活动，有时还使用了战斗轰炸机。

同德国空军领导人的做法一样，帕克也在9月15日以后利用时间对过去几天来的经验教训加以回顾。经常出现的一个缺点就是，奉命去共同执行任务的两个中队未能会合在一起，原因之一就是有时给他们规定的会合点的距离太远，在取得会合以前就与德机遭遇上了。有时，进行牵制性游弋活动的德国战斗机几乎把英国空军第11大队的全部兵力都吸引住了。有时，对由两个中队组成的编队的调动不妥善，使之极易成为担任高空掩护的德国战斗机实施俯冲攻击的有利目标。为此，帕克通知大队和防空分区的控制员，以后必须做出专门的安排，使用成对的"喷火"式战斗机中队去对付在高空飞行的德国战斗机，而且要注意两个中队的会合地点，不使它们有可能在爬高过程中受到德机的俯冲攻击。在已知有高空飞行的德国战斗机正在接近的情况下，必须在防空机场附近部署足够数量的成对的"飓风"式飞机，而在外围机场待命的其他中队则必须严密注意尚未发现的德国机群的动向。第11大队在战役的这个阶段取得的经验就是，战斗的胜利不仅取决于能够及早出动足够数量的中队，还取决于对留在地面的那些中队作好战备安排，以便在关键性时刻有战术预备队可以出动。

第八篇 皇家空军显神威

1940年11月14日，英国军需工业基地考文垂的居民结束了一天紧张的劳动，大部分在吃晚饭。天高云淡，月色如洗，是一个静谧的夜晚。但愿敌机不要来，睡一个平安觉。7时，空袭警报长鸣，还来不及躲避，法西斯德国飞机就已经进入城市上空。

第一个目标——自来水厂。断了水，使你无法救人。继之袭击电厂、煤气厂、电话局、下水道和交通系统，使城市"血凝气绝"，一切陷于瘫痪。轰炸机一批又一批，如梭子织网，不放过城市任何一个角落。

凛冽的寒风将燃烧弹的火球刮向四面八方，全城陷入火海之中，消防车开到街上，橡皮轮胎马上被地面余烬烧穿了，空着铁轱辘爬行。市中心14世纪所建的圣马可教堂，这个英格兰引以为豪的艺术瑰宝，被燃烧弹击中了，持续烧到午夜，教堂圆顶轰然坍陷，拱门倒塌，只剩下了四壁残墙和一个钟塔。

从晚7时轮番轰炸到翌晨2时，德军共投下炸弹5万枚，其中燃烧弹3万枚，还有180枚由降落伞投下。德国飞行员在日记中说，飞机飞离英国海岸（考文垂距岸180公里）时，还能看到考文垂的冲天火光，"这个城市肯定完蛋了"。

考文垂确实接近"死亡"，市中心被夷为平地，工厂破坏1/3，军工生产瘫痪，市民被炸死584人，炸伤865人。

由于考文垂还有生产能力，德国飞机又光顾了几次，到1941年4月的一次大轰炸为止，地面设施基本摧毁，5万所房屋化为灰烬，市中心原有3000所房屋仅存30所，25万人的繁荣城市成了"死城"。考文垂是英国遭受轰炸最惨重的城市，考文垂在英文中成了"极度毁灭"的同义词。

英国首脑机关早已截获德军欲摧毁考文垂的高度机密，后来还是让德国放手毁了考文垂。这是怎么一回事呢？

大战初期，德国研制出名为"超级机密"的无线电编码译码机，作为德国统帅部同团以上指挥所直接联系的绝密通信工具。因其可靠，希特勒总是用它直接下达重大作战任务。英国情报机关千方百计弄到了一部"超级机密"，通过它截获了许多机密。例如1940年9月6日，希特勒将对英国本土大轰炸，英国获知后采取最佳防空方案，以少数飞机分路拦截，打乱其阵势，使其空袭目标大都流产。同年7月2日德国要实施入侵英伦三岛的"海狮"计划，也因英国的事先防范而未得逞。

英国通过"超级机密"截获了德国这一情报，但是，如何应付这次空袭，英国人却面临着两难的选择，一种方案是采取主动措施保卫考文垂，当时曾制订了一项代号为"冷冲"的行动计划，即动用一切可以调动的飞机，在一开始就挫败敌人的袭击。因为当时有足够的时间集中高射炮火、探照灯和烟幕防御设施，加强全城的救火和救护工作。用炮火和探照灯配合作战，至少可以迫使德国人在高空飞行或把他们驱离目标。然而，这样一来，就有可能使德国人怀疑自己的密码已被破译，英国人已经事先得到了空袭的警告。接着，德国人就会更换一种新的密码系统，而已被英国人掌握的"超级机密"也必将失去作用。因此，另一种方案就是让考文垂的防务措施保持原封不动，对空袭做出合乎常情的反应，也就是要忍痛割爱，用牺牲考文垂城来保住"超级机密"。

面对这种困难的抉择，只有丘吉尔首相有权做出决定。他经过反复权衡，认识到"超级机密"的安全比一个重要工业城市的安全更为重要，因为"超级机密"在未来的战役中肯定是有决定性意义的重要武器。为了全局利益，为了保证整个战争的胜利，只有牺牲考文垂来保住"超级机密"了，真是"弃卒保车"啊！

希特勒见轰炸成功，更加宠信"超级机密"，一直使用到大战结束时为止。此后，英军在北非战场的对德作战，盟军总反攻在诺曼底的登陆，都靠"超级机密"取得了尖端情报。

四、不倒的伦敦人

从9月7日德军开始轰炸伦敦以来，伦敦城每天夜里都要受到德军轰炸机大编队的空袭，德军每天出动的飞机架数多在百架以上。

第八篇 皇家空军显神威

连日的轰炸给伦敦带来了巨大灾难。有时，一夜之间就有一二万人因房屋被炸或烧毁，变成无家可归的人。有时，住着许多残肢断臂伤员的医院突然遭到德军的轰炸，无力逃走的伤员只得置身烈火之中。供水、供电、交通系统经常被炸得瘫痪，给居民的生活带来了极大困难。

在遭到轰炸最严重的东区，状况最为恶劣。

伦敦西区是轰炸较轻的地区。在那里，人们照样工作、娱乐、吃饭和睡觉；剧场里经常客满，熄灭了灯光的街道到处是三三两两的人群。同巴黎的失败主义分子在他们5月间一遭到严重的空袭就怕得要死、叫喊连天的情况相比，西区伦敦人的表现显得勇敢、坚强。

在空袭最激烈的第一周的夜里，由于英国防空火力很弱，无法对付敌人的狂轰滥炸，居民们只得待在家里或简陋的防空洞里。但一到白天，他们仍然用各种巧妙的办法去工作单位。伦敦全城都能看到这种招牌："照常营业。"谁都知道，为了更有力地抗击纳粹德国，工厂是无论如何也不能停工的。

经过多日轰炸，伦敦变成了一个满目疮痍的城市，到处都弥漫着一股刺鼻的焦煳味。不同的社会实践能够培养出不同的人才，为了抢救被困在瓦砾下的人，出现了一种新的人才，即"嗅人者"。这些"嗅人者"能够通过气味来判断某座建筑下面是否埋着受害者以及此人是死还是活。一旦德国空军炸毁了人口稠密的地区，救援队就马上开始挖废墟里被埋的幸存者。他们不时地停下来听听下面有什么动静，如果什么动静也没有，就请"嗅人者"来帮忙。这些"嗅人者"像经过专门训练的警犬一样，在瓦砾中闻着气味，全然不顾煤气、废水和烟雾的呛人味道。"嗅人者"能够闻到哪里有人血，而且能闻出这些血是凝固的还是流动的。有时他们会说："别费劲了，血不流了，是死的。"有时则说："下面的血是新鲜的，还在流。"这时救援人员就会接着挖下去，结果总能挖出还活着的受害者。

德国空军在轰炸中使用了一种叫降落伞雷的可怕武器。这种降落伞雷脱胎于德国海军在战争初期用来对付盟军船只的磁性雷，它有两米多长，直径为 0.7 米，内部装满了烈性炸药，重达两吨半，由一个降落伞从高空静悄悄地慢慢送下来。当它爆炸时，方圆 1 公里之内的整个地区都能感受到它的威力。

在伦敦西区的波特兰，一只降落伞雷炸掉了英国广播公司大厦的整个一边侧翼，摧毁了一家旅店，并使周围的地区受到了破坏。其中有一些雷没有爆炸，这样英国人就要面对将它们的雷管拆除的这种技术上的可怕挑战。

起初，只有少数海军方面的人进行这项工作，他们都是在海上对付磁性雷的专家。后来，随着德军使用这种武器的增多，一个迅速受过训练的小型专家团组成了，由他们负责排雷这项令人毛骨悚然的任务。

这些技术专家两个人一组工作，他们唯一的器材就是卸雷管的螺丝刀、一团从安全距离拉掉雷管的线和一双沉着细心的手。当一个人拆雷时，另一个人则把耳朵贴在雷上精心地听着。据排雷专家说："对付这种雷最重要的一点是要一直听仔细了，如果听到'嗤嗤'的声音，就要拼命跑开，此时顶多只有 15 秒钟的时间，磁性雷就会爆炸。"

使这项工作雪上加霜的是，未爆炸的磁性雷并不是全部落到地上或废墟里。有一颗雷的降落伞被可怕地挂在了伦敦东区最大的煤气储存罐上，在拆除这只雷时它还在风中晃来晃去；还有一颗落在了横跨泰晤士河的亨格福德大桥的电气火车铁路上，更为严重的是，德国人还在这些雷里装上了饵雷，即在主雷管下面放上了一只连锁雷管，如果排主雷管的人不是最熟练最懂行的人，那根连锁雷管就会引爆。

但是，无论困难有多大，排雷专家们都以他们的智慧和勇气将大多数雷一一排除。当然，伤亡的事情也经常发生。

丘吉尔是一位爱在炸弹开始落下来时走出地下防空洞到大街上来的人。为了首相的安全，身边的人试图阻止他这样做。丘吉尔的侍从把丘吉尔的鞋子藏了起来，想以此阻止他外出。但是每次丘吉尔总是十分生气地命令他把鞋交出来。

"我要让你知道，"丘吉尔喊声如雷，"从我小时候起，当我想

第八篇 皇家空军显神威

去格林公园散步时，我的保姆就从来没能阻止过我。而现在我是大人，希特勒也别想阻止我。"

伦敦的夜晚，灯光还是明亮的；

繁忙的街道上，公共汽车和地铁仍在穿梭行驶；

秋日的公园里，仍然是草青树绿、百花怒放；

特拉法加广场上，军乐队仍在举行音乐会。

一个风和日丽的下午，丘吉尔正在他的办公室阅读战斗机指挥部刚刚送来的战报，忽然听见泰晤士河对岸的伦敦南区发出了巨大的爆炸声，他立即驱车前往察看。自从德军空袭伦敦以来，丘吉尔常常到被炸的地方察看情况，安抚市民。

来到现场后，丘吉尔看到，一颗重型炸弹炸毁了一大片住宅，在瓦砾堆中，已经插起了许多小小的英国国旗，每面国旗都代表着一个不屈的伦敦人的生命。这国旗是民族精神的象征，是战争胜利的希望。

看到首相来了，居民们从四面八方跑来，围聚在丘吉尔身边，用各种方式表示对战时政府的拥护和奋斗到底的决心。

丘吉尔流泪了，他很少流泪！这不是悲哀的眼泪，而是赞叹和钦佩的眼泪！有了这样的人民，就没有克服不了的困难！

丘吉尔在群众簇拥下，进入被炸毁的居民区巡视。他来到一个巨大弹坑边缘翘立着的简陋家庭防空掩体，住在这里的主人迎了出来。一个年轻男子，他的妻子和三个孩子站在被炸歪的防空掩体的入口处。丘吉尔看到，他们虽然没有受伤，但受到了惊吓。丘吉尔还看到，不远处的一家小饭店被炸成了一堆瓦砾，饭店的主人和他的妻子满面泪痕。

看到这番情景，丘吉尔心里很不好受。这些居民的家在哪里呢？他们以后怎么生活呢？

一回到办公室，丘吉尔便紧急召见财政大臣，与他商量后，拿出了一项提交议会讨论的方案：凡因敌人轰炸而造成的一切损失应由国家负担，由政府立即全部赔偿。

一周之后，政府制定了一个战争保险方案，这个方案对动员全民抗击德军的空袭起了重要作用。

就是在德军轰炸最猛烈的时刻,英国政府与议会仍然留在伦敦。市政厅被毁于大火和炸弹,英国政府所在地白厅屡遭敌机轰炸,白厅周围的政府建筑物一再被击中,有的燃起了大火,有的倒塌。政府各部门就在防空洞、地下掩蔽部、附近的建筑物里办公。

有一颗炸弹击中了白金汉宫,国王乔治六世、王后以及他们的两个小公主当时正住在那里,炸弹在场院爆炸,皇家成员死里逃生。当丘吉尔知道这个消息后指示说:"立刻把这条消息传出去!让伦敦的穷人知道他们并不孤单,国王和王后正在和他们一起共患难!"

这一切有力地鼓舞了伦敦人民的斗志!

当然,并不是人人都是勇敢的。有些人真的被空袭吓坏了,但即使这样他们依然不愿逃离这座城市,不愿放弃自己的责任。他们留在那里工作着、忍受着。一位作家说:"当炸弹开始落在伦敦时,我发现自己没有一般人那么勇敢。这个发现使我感到羞愧。我只能表面上装装样子,但我害怕夜晚的到来。我很羡慕那么多勇敢的市民,例如我的房东太太。她是一个没有什么美德的邋遢女人,但她却勇如雄狮。办公室的同事们也是如此,还有我在小酒馆里遇到的那些人以及我的绝大部分朋友。这使我更难受了。"

12月29日,德国空军似乎要强调一下他们在新年里也不会放松对英国的压力。于是,他们对伦敦发动了一次最猛烈最成功的袭击。

德军轰炸机这次集中进攻的目标是伦敦市中心。在这个首都古老的心脏地区,有许多古代教堂,还有英国银行这些著名景点。

这是一个安静的周日夜晚,又是在圣诞节期间。德军的进攻正好选择在英军防守空虚的时候。

总共有244架德国轰炸机扔下了雨点般的燃烧弹。木质结构的屋顶顿时着了火,熊熊燃烧的残梁断柱东倒西歪地垮在了那些狭窄弯曲的街道上。

救火车很快就开过来了,但是火势蔓延的速度太快了,要扑灭它需要大量的水。而那年秋季本来就干旱少雨,泰晤士河的水位太低,救火车很快就抽干了岸边的河水,流出来的只是一些稀稀拉拉

第八篇 皇家空军显神威

■ 未遭破坏的圣保罗大教堂穹顶显得格外引人注目

的泥汤。

成百幢易遭破坏的建筑和教堂被化为灰烬。

在市中心所有的礼拜堂中,只有圣保罗教堂较完整地保存下来了。

这是古老的伦敦市中心在历史上第二次被一场大火烧毁。第一次是在二百多年前的1666年。

对于由于疏忽大意而带来的损失,丘吉尔十分生气。12月30日,丘吉尔召集内阁紧急会议,他在会议上气冲冲地喊道:"这种事绝不能重演!"

首都被毁也使英国人民怒火满腔。一位妇女在日记中写着:"这太可怕了,只是由于人们对明摆在眼前的危险疏忽大意,就造成了上千万英镑的重大损失,使成百上千名勇敢的人们去冒险,直至牺牲……难道我们是一个白痴的国度吗?"

英国人是在伦敦市中心仍在燃烧的废墟上迎接新年的。

但是,现在他们更多的是感到愤怒,而不是惊恐和怨恨。在战

■ 消防员在向被烧毁的建筑物喷水

争结束之前,还会有更多的炸弹,还会有更多的对勇气和韧性的考验,然而,英国人民已经万众一心了,就像丘吉尔所讲的那样:

"那是英国人,尤其是人杰地灵的伦敦人最为光彩的时候。无论是不苟言笑还是快活开朗的人,也无论是固执呆板还是善于变通的人,他们都以一种不屈的民族骨气,适应了那种陌生的充满恐怖、充满动荡的新生活。"

五、最后的轰炸

进入1941年后,老天爷似乎有意在帮助英国人。在1月的绝大部分时间里,伦敦的上空布满着乌云,轰炸无法进行,因此德军不得不大大减少轰炸的次数。

轰炸间隔的不断延长,使英国人有了喘息的机会。但由于几个

第八篇 皇家空军显神威

月来的空中封锁，伦敦的供应每况愈下。黄油、食用油、肉类、鸡蛋和茶叶都要严格按配额供应。供应给一般家庭的肉只够每周吃一次，茶叶的短缺尤为严重。除了这些东西之外，大多数英国人极想吃到水果或罐头食品，因为这可以使他们凭定额能买到的油腻食物中多一点花样。伦敦有一位从事社会福利工作的妇女在日记中写到："我太想吃水果了，可一点也买不到，我出去时下定了决心，如果必要的话，苹果几十磅也要买下来，但是令我感到可怕的是，在诺丁山的商店里无论什么价格，一个苹果也没有。一个个橱窗里似乎全都是萝卜……我的朋友布克先生一生讨厌洋葱，但他现在却说，如果我们还能再吃到洋葱的话，他会大吃一顿的。我看等到战争结束，我们都会抢着猛吃洋葱。"

一般市民已有好几个月没有见到橘子和香蕉了。一位有钱的妇女开了一天车回家后，看见了女仆买完东西后留下的字条："亲爱的夫人，没有蜂蜜，没有淡色葡萄干、无核葡萄干或紫色葡萄干，没有什锦水果，没有糖或糖精，没有实心面，没有鲜鱼、鳟鱼和西鲱（熏制和不熏的都没有），没有火柴，没有引火木，没有肥肉和油，没有芹菜或番茄汁罐头，也没有大马哈鱼罐头。我几乎什么也没有买到。"

不仅生活物资供应困难，而且各种生活服务设施也遭到很大破坏，没有供暖，供电经常中断，夜间还要实行灯火管制，到处是残垣断壁和堆积如山的垃圾。如此日复一日、月复一月的艰苦生活，使英国人开始厌倦了。一位妇女写到："我们生活在垃圾堆里，大家的脾气都很大。我简直怀念起那些猛烈的空袭了。"

这种厌倦战争的情绪是十分危险的，它很容易导致战斗意志的松懈。丘吉尔及时地察觉到了这一点。怎么来改变人们的这种情绪呢？

丘吉尔认为，英国人目前所需要的不是鼓励，也不是抚慰，而是严重的敌情刺激，是给英国人猛击一拳。

于是，2月9日，丘吉尔向全国发表广播讲话，他警告说，希特勒终于又在计划入侵英国了，他将在很短的时间内发动入侵。丘吉尔危言耸听地说，与去年秋季的进攻相比，"目前的这次入侵将有更精良的登陆装备和其他设施作后盾"。

"我们必须作好一切准备，常备不懈地用我们熟练的本领对付毒气进攻、伞兵进攻和滑翔机进攻……为了赢得这场战争，希特勒必然会运用一切手段摧毁英国，每一个英国人都要充分认识到这一点，万万不可松懈斗志。"

实际上，丘吉尔自己也知道，他对他的人民所说的完全是一派胡言。他通过"超级机密"和其他情报渠道，清楚地知道希特勒已放弃了从海上入侵英国的念头。他之所以要重提入侵的威胁，只是想以此给正在垮掉的英国人民打打气。

事实上，丘吉尔的担心是不必要的。因为在海峡的另一边，戈林和他的将领们正在计划着新的空中进攻行动。

1941年2月，帝国元帅戈林带了一大批随行人员抵达巴黎，目的是与凯塞林和斯比埃尔这两位陆军元帅讨论今后对英国空战的方案。

会议在法国外交部所在地具有历史意义的钟表大厅内举行。

戈林像往常一样，认为德国空军没有取得完全成功，对这一点他表示不满，并且用极为激烈的言词训斥了军团的指挥官和士兵。

两位陆军元帅怀着对戈林的应有尊敬，试图反驳这些指责，并力图使空军总司令相信战斗之激烈，以及交给他们军团的任务之艰巨。而戈林对他们的申辩却丝毫听不进去。

在火气平息之后，他们共同制订了新的轰炸计划。

猛烈的空袭又开始了。这次德国轰炸机的重点是要切断英国生死攸关的海上供给线。在3月中旬连续两个晚上的空袭中，位于克莱德河岸格拉斯哥下游的造船城市克莱德班克被炸弹夷为平地。这个市的1.2万幢房屋除了7幢之外全部被毁，居民不得不逃往附近的沼泽地。布里斯托尔、朴茨茅斯和南安普敦都遭到反复袭击。而另一个港口城市普利茅斯所遭受的袭击次数之多、程度之猛烈大大超过以往，结果许多房屋都不止被炸过一次。

3月19日，英国遭到了损失极为严重的一次袭击，一共有750名市民丧生。炸弹像雨点一样落在赫尔、纽卡斯尔、贝尔法斯特、利物浦和诺丁汉的土地上，使这些地区受到了严重的破坏。

第八篇 皇家空军显神威

4月份的后半个月里,德国对英国的空袭达到一个新的高潮,考文垂、布里斯托尔、贝尔法斯特、朴茨茅斯和普利茅斯都受到了猛烈的袭击。伦敦两次被袭,每次扔下的炸弹重量都比以前多,在这两次夜间的空袭中,有2000多人丧生,14.8万幢房屋被破坏或摧毁。

连续进行的大规模空袭,引起了英国民众的担心,他们普遍认为德国从海上全面入侵英国迫在眉睫。

英国人没有猜错,这些大规模空袭的确是入侵的前奏曲,但入侵的目标不是英伦三岛,而是从陆地和空中对苏联的全面入侵。

5月初,戈林的总部发出了秘密命令,指示一直在进攻英国的德国轰炸机和战斗机主力部队准备转移到捷克斯洛伐克和波兰去,为"巴巴罗萨"行动作准备。"巴巴罗萨"是全面进攻苏联的行动代号。

然而,就在德国空军的飞行员打点行装,离开法国和北欧国家之前,他们接到了对英国发动最后一次大规模空袭的命令。

希特勒和戈林做出这一决定,一方面是为了声东击西,更好地隐蔽对苏联的全面入侵行动,另一方面,也是为了给英国人以最有力的警告。

在过去的一年时间里,皇家空军一直在袭击德国的城市,而且还轰炸过几次柏林。1941年5月初,皇家空军不但对柏林进行了猛烈的攻击,而且还袭击了汉堡、不来梅和埃姆登。纳粹的最高统帅部担心德国空军的主力在俄国作战时,英国人会加强对德国的袭击,因此想通过这次空前的轰炸让英国人知道,如果敢对德国胆大妄为,他们必将招致无情的报复。

对这次进攻最为热心的是希特勒的外交部长里宾特洛甫。他是一名狂热的纳粹党徒,在大战爆发之前的几年里,曾任德国驻伦敦的大使。他在每年向国王乔治六世递交国书时,坚持行纳粹军礼并高呼"希特勒万岁",因此受到了英国人民的痛恨。他在与英国政府和人民的所有交往中,都表现得像一个不可一世的恶霸,而英国人反过来也从不放过指责奚落他的机会,所以,里宾特洛甫比任何德国人都憎恨英国政府和人民,他把这场战争看成是报私仇的机会。

5月10日上午，里宾特洛甫在他的办公室以阴险的口气对他的助手说，元首已同意德国空军在撤回之前再对英国进行一次最后的打击。"这是最后一次轰炸，将是这次战争中最猛烈的一次。飞行员只有一个目标，"里宾特洛甫暗淡的眼睛露出凶光，歇斯底里地喊道，"伦敦！伦敦！伦敦！"

德国人把伦敦划分成三个轰炸区。在约翰内斯，芬克上校领导的轰炸机第2师将从法国北部康布雷附近的机场起飞，飞往伦敦东部。施塔尔上校的轰炸机第53师将从里尔区出发进攻伦敦的中部，而约希姆手下的轰炸机第4师将在荷兰的乌得勒支附近的索伊斯特堡集合，然后飞往伦敦南部和西部。

除了进攻某些战术战略目标之外，他们还奉命摧毁英国首都历史悠久的中心地区。参加这次进攻的25岁的奥地利中尉冯·西伯，他给自己选了一个目标——白金汉宫。后来他得到通知，这座宫殿已不在轰炸范围之外了，他完全可以尽全力对它实施攻击，第一个击中它的人将荣获骑士十字勋章，而且戈林将亲自为他佩戴。

5月10日下午，英国皇家空军指挥部、各高射炮兵部队、城市救援和消防系统等都接到了德军将进行大规模空袭的预报。这是"超级机密"的功劳。

在伦敦的消防局总部里，副消防局长杰克逊接到这个消息后预感到会有不同寻常的情况发生。他知道，今晚将是满月，而德国人喜欢在有月光的夜晚进攻，因为月光更便于他们的炮手看清向他们进攻的英国战斗机。杰克逊按下对讲机的一个按钮说道："所有的水泵今晚全部进入伦敦，我还要再加1000部。全体人员都要守候在旁边，不许请假。"

与此同时，在皇家空军的各战斗机基地，飞机已加满油、装满弹，地勤人员作好了各项技术检查，飞行员高度警惕地在休息室等候着。

在伦敦城的所有高炮阵地上，数量充足的炮弹被擦得锃亮，黑洞洞的炮口直指天空。

当晚10时15分，在本特利修道院皇家空军战斗机指挥部里，道丁的助手怀特告诉这位空军司令已发出了预备警报，敌机正向这边飞来。

道丁果断地命令：夜航战斗机全部起飞。

11时，空袭警报响彻伦敦上空。

11时30分，第二次世界大战中最后一次对英国首都的大规模轰炸开始了。一共有507架德国飞机参加了这次轰炸，它们在伦敦扔下了总重量为708吨的炸弹，而且全是致命的燃烧弹、烈性炸药弹和降落伞雷。

所有的高炮一齐开火，伦敦防空部队以大面积火力阻击网迎头痛击来犯之敌。一位亲临其境的德国飞行员说："现在你在伦敦上面飞时都用不着戴手套，他们的高射炮就能让你的手感到暖和。"

转眼之间，皇家空军的夜航战斗机就击落了7架德国飞机。这7架飞机中的一架，正是25岁的奥地利中尉冯·西伯驾驶的，他永远也无法实现炸毁白金汉宫的美梦了。他本人也在跳伞着陆后做了英国人的俘虏。

密集的防空炮火使德国轰炸机飞得很高，这样它们就无法瞄准预定的攻击目标。但这也无妨，它们可以把炸弹随便扔在这个首都的什么地方。而对于人口稠密的英国政治文化中心城市伦敦来说，无论炸弹掉到市区的什么地方，都有可能造成严重的破坏。

这一次德国人轰炸的不仅是伦敦东区和市中心区，他们几乎在这个城市的每个区域都扔下了燃烧炸弹，冲天大火到处熊熊燃烧起来。副消防局长杰克逊的猜测是正确的，他召来的所有救火车和消防人员加起来都对付不了这场大火。而且，即使有更多的人和消防车，也没有足够的水。

伦敦消防局的一位分区长官布莱克斯通回忆说："炸弹开始落下来了，有很多很多，这可比我们以前看到的要厉害。一开始是消防队员和救火车不够用，后来虽然来了很多的消防队员和救火车，但是就是没有水。这样，我们不得不用更长的时间才能控制住火势，因此造成了很大损失。"

布莱克斯通驱车前往泰晤士河，这时他看到，大火已蔓延到了纽文顿堤道和纽文顿巴茨以及新肯特路。

突然，一颗烈性炸弹落到了一辆救火车上，车被炸毁，有5名队员被炸死。他们躺在血泊之中，尸体一半在水槽里，一半在救火车上。看到这种惨景，布莱克斯通厉声喊道："把这些人抬走！"

这时，立即过来几个消防队员，把尸体抬到附近的斯奇普顿街，用帆布盖好。

烈性炸弹还在不停地往下落，不断有消防队员丧生或负伤。

一串炸弹落在了斯珀吉翁礼拜堂附近，在一群消防队员中爆炸。布莱克斯通回忆当时他所见到的情景时说："顿时，在我的眼里，似乎到处都是穿着蓝制服、脚穿防火靴的人。我们把死去的和受伤的人分开来，结果发现又有5人丧生。而那些受了伤还活着的人急需救护车。救火队员没有无线电通信设备，所以我们只好打电话求援。我们试遍了所有的电话亭以及四周建筑中的每一部电话，没有一条线路是通的。大家感到与外界隔离了——我们处在一个通信全被切断的伟大城市的中心。最后，只好派一个骑兵通信员送信给总部，请求派救护车来。"

伦敦的许多建筑物在燃烧，整个夜空被大火照得如同白昼一般。据报告，当天晚上发生了2200次火灾。有7处最大的火灾每处都烧掉了方圆一英亩的许多建筑。火势最大时，伦敦大约有700英亩的地方在同时燃烧。

国会大厦、威斯敏斯特教堂、英国博物馆都遭到了轰炸。

一共有7颗烈性炸弹炸开了国会下院，楼上的走廊被炸塌，议员们坐的绿色皮面长凳和发言人坐的椅子全部被烧毁。

一颗炸弹击中了议院塔上的钟楼，大木钟被烧黑，上面有许多斑痕。但是这座古老的大钟主体结构没有被破坏，那著名的钟声一响也没有漏掉。

在威斯敏斯特教堂里，位于这个建筑中心的天窗上的屋顶被燃烧弹烧着了，屋顶砸在唱诗台和礼拜堂上。威斯敏斯特大厅著名的橡木屋顶也被炸弹炸穿，曾经培养出琼森、德赖登、雷恩、本瑟姆和索锡的威斯敏斯特公学院也受到了严重的破坏。英国中世纪杰出的建筑样板——威斯敏斯特的主教宅邸也被摧毁。

英国博物馆的绝大多数珍藏已被转移，但是燃烧弹烧坏了图书

第八篇 皇家空军显神威

收藏室，博物馆的埃及展厅也几乎全部被毁。

伦敦市中心区的所有教堂不是受到严重破坏就是被彻底摧毁。在河滨马路，伦敦最古老、最受人喜欢的一个教堂——圣克莱门特·戴恩斯教堂只剩下一片冒着细烟的废墟。那些多少年来一直响着一支古老儿歌的旋律的大铃铛，在教堂垮掉时被摔碎了。

一共有5家医院被破坏，被破坏最严重的一所已经完全成了一片废墟。

有一个地铁站被火包围了，有人决定撤离那个地铁站，于是下面的人，绝大多数是妇女和儿童，都跑到起火的地区来了。他们跟跟跄跄地跑过来，母亲或祖母们或抱着孩子，或拖着跟在身后尖叫着的儿童。大火的灼热使他们发出惊恐的喊叫。

根据最后的统计，在这次空袭中，有1436名伦敦人丧生，大约有1800人受重伤。在幸存者看来，这几乎已超过了他们的承受能力。他们看见心爱的首都被毁，四周都是瓦砾废墟、倒塌的建筑和烧焦的名胜，一种可怕的绝望感油然而生。

在后来的许多天里，很多伦敦人走路时仍是一副半梦半醒的茫然样子，他们害怕还会有新的磨难。他们中的不少人恐怖地认为，这次大空袭将有可能是一场更猛烈空袭的开端。一位驻伦敦的美国记者，《芝加哥论坛报》的拉里·鲁说："我第一次开始感到担心，我开始认识到5月10日的空袭给伦敦人的生活造成了多么深刻的震动和撞击。"

一位伦敦妇女在日记中写到："刚听说威斯敏斯特大厅昨晚被炸，还有修道院和国会大厦。他们把屋顶救出来了一部分，但有一部分已经烧掉。修道院的天窗被毁。他们原以为大木钟也倒了。对这些灾难我说不出话来，我想我们一定是犯了什么严重的罪过才要我们做出这样的牺牲……肯定还会有破坏，但我不希望这样。"

另一位妇女写到："我记得我的朋友玛丽跟我说，当她第一次被炸出她的房间，失去了所有的衣服和财产时——这是她第三次被炸出来了，她就对自己的东西完全不在乎了。灾难超出了一定的限度也就无所谓了，上帝会为被剃掉羊毛的羊羔挡住寒风，不幸也有好处。"

■ 空袭之后，一个小男孩坐在伦敦一家书店的废墟之间，专心读书。

在 5 月 10 日以后的几周内，伦敦人没有受到新的轰炸。虽然丘吉尔和他的精英们通过"超级机密"已经知道德军不再向英国进行大规模空袭，但他们没有告诉英国人民。所以，伦敦市民们仍然整日生活在惶惶不安之中。

1941 年 6 月 22 日，德军突然大规模入侵苏联。消息传来，许多英国人为苏联人感到难过，但也有许多人听到这个消息后兴高采烈。伦敦《晚报新闻》的通栏大标题写着：《现在轮到莫斯科了》。伦敦人评论说："现在我们要看看他们怎么办。"

对于多数英国人来说，这并不是一种幸灾乐祸的心态，他们之所以兴高采烈是因为他们认为对英国的大规模轰炸结束了，德国从海上全面入侵英国几乎不可能了。

"我们胜利了！"英国人民奔走相告，语调里充满了骄傲，也有几分惊奇。

这胜利来之不易，他是用英国人民的勇气、智慧、毅力、苦难和鲜血凝成的!

在这胜利中起决定性作用的,是英国皇家空军艰苦卓绝的战斗!

第二次世界大战中规模最大的空战结束了。德国发动战役的目的是彻底征服英国,为主宰整个欧洲扫除障碍,但它的目标没能实现,英国从此则成为欧洲抵抗运动和盟国反攻欧洲的基地。不列颠空战,是德国在第二次世界大战中首次失败的战役。

六、原始电子战

对于德国空军为何败在了英国皇家空军的手下,德国人贝克尔是这样认为的:德国轰炸机在这次作战中显得太轻,太不结实,防御火力太弱,航程太短,载弹量太小,德国战斗机的数量太少,而且航程太短,担负不了为轰炸机护航和与敌机进行自由空战的双重任务;戈林和空军总司令部一次又一次地改变攻击目标,造成兵力分散,没有对重点目标实施连续不断的攻击;空袭,特别是夜间空袭的效果被大大地夸张了,使决策人不能正确判断敌人的真正实力;一再低估了皇家空军的力量,多次做出错误决策;英国雷达网遍布各地,可以事先知道德方的一切攻击活动,使德军的偷袭几乎无法成功;英国战斗机的损失率尽管较高,但由于大大加快了战斗机的生产(生产速度是德国的两倍以上),始终保持了较多的数量。

贝克尔所列举的这些原因,无疑都是客观的。但是,这些绝不是德军失败的全部原因。除了这些原因外,还有若干其他方面的原因,比如,德国发动侵略战争,失道寡助;英国人民万众一心,众志成城;皇家空军指挥有方,作战勇敢等。需要特别指出的是,英国在军事技术上所占有的巨大优势,对其夺取不列颠战役的胜利起到了重要作用。

恩格斯曾经指出:"军队的全部组织和作战方式以及与之有关

的胜负，取决于物质的即经济的条件，取决于人和武器这两种材料，也就是取决于居民的质与量和取决于技术。"战争的历史再一次证明，军事技术的对抗，对战争的进程和结局具有重大影响。20世纪初，当西方帝国主义国家以坚船利炮敲开中国大门的时候，中国人痛尝了军事技术落后的苦果。在1940年不列颠战役打响的时候，几乎没有人否认它是人类战争史上科技界最先进的航空技术和航海技术，而且还有战争中运用的雷达技术、电子对抗技术和密码破译技术等一系列先进技术的大比拼，而恰恰是在这些先进技术领域，英国人走在了德国人的前头。

不列颠战役开始后不久，一些德国飞行员遇到一种令他们百思不得其解的现象。当时德国飞机还没有独立的机载导航设备，主要靠地面无线电定向信标导航，在过去他们根据地面提供的无线电信号对目标进行轰炸，命中率是比较高的。可是后来，他们仍然是根据地面指令飞行和轰炸，绝大多数的炸弹却不能命中目标，而且多数投在了荒山旷野。这是什么原因呢？直到吃了很大的亏以后德国人才搞清楚。原来，英国研制出了一系列的"梅康"电台，用于截获德军电台发出的信号，然后加以放大再发射出去，把德国飞机引入歧途。实际上，这就是一种电子干扰，也是最原始的电子战。

找到原因后，德国对其无线电设备进行改进，又研究出一种新的无线电射束，能够相当准确地把轰炸机引向目标上空。英国通过先进的无线电侦测手段截获了德军的无线电波，并建立起一些干扰电台，利用"分裂射束"法干扰德军的无线电射束，使德军飞机投掷的炸弹纷纷偏离目标。同时，由于信号受到干扰，给德军飞行员造成很大错觉。他们不是提前，就是漫无边际地乱投炸弹。一名德国轰炸机飞行员在空中来回折腾了几圈，弄得晕头转向，竟误把英国的一个机场当作法国基地降落下来，稀里糊涂地当了英国人的俘虏。

在轰炸伦敦时，为了使飞机在夜间能够准确地投弹，德国研制了一种名叫"罗圈腿"的巧妙的无线电导航系统，安装在飞机上。有了这种系统，飞行员在飞机上可以从耳机里收到不断发出嗡嗡声的电波，这种声音是从法国沿岸的无线电发射塔发出的给飞行员导

第八篇 皇家空军显神威

航的电波。如果飞机偏离了航线，飞行员就会听到一系列的短音和长音，从而使其可以根据这些声音修正航向。当飞机即将到达预定的目标时，另外一种频率不同的电波就会与第一种电波混在一起，使飞行员听到一种新的声音，此时飞行员便知道将要到达目标了。再过很短的一段时间后，飞机就会到达目标，飞行员便投下炸弹。这种"罗圈腿"系统的准确度在2.6平方公里之内。

当英国人得知德国的这种"罗圈腿"系统后，立即召集自己的科学专家研究对策。研究工作全面展开了，一架架飞机被派上天空去跟踪测定德国空军的电波系统，技术专家爬上英国南部沿岸100多米高的雷达塔上，在上面安装了临时的无线电接收器，监听"罗圈腿"系统的信号，确定电波的发射来源和频率。这些专家们犹如一个电子发明库，很快就研究出了能够有效对付德国人的方法，并采取了针锋相对的措施。

首先使用的是能够发射高频电波的医用透热器。这些透热器安装在目标地区各处的警察局和流动车里，当皇家空军战斗机指挥部报告说有敌机飞来时，这些透热器就全部打开。它们所发出的信号声音压过了敌人的信号，使德国飞行员无法听到"罗圈腿"系统的电波声。

不久，英国人又找到了更成熟的办法去干扰"罗圈腿"电波。他们利用自己的某些无线电指向台可以在电波频率中加进长长短短的密码，冒充"罗圈腿"信号，从而骗过德军飞行员，使他们偏离原定目标。

英国胜敌一筹的电子干扰技术，在不列颠战役中取得了巨大效果。一名英国军官目睹的一件事情很能说明问题。在德国人开始对伦敦轰炸后不久，英国国防部的克劳斯顿少校把妻子和2个孩子送到乡下去。在一片旷野之地，发生了一连串巨大的爆炸，沙石和尘土被炸得漫天飞扬。他数了一下，地面上一共留下100多枚炸弹爆炸的大弹坑。令他感到十分惊讶的是，炸弹爆炸的地方前不着村、后不着店，距离任何市镇和居民区都有15公里以上。他怎么也弄不明白德国人搞的是什么鬼花样，后来才知道，这是英国电子干扰的结果。

这些技术上的成果不仅减少了德国空军所造成的破坏，而且还大大鼓舞了英军的士气。德军主持无线电射束研究的马蒂尼战后承认，他没有及早觉察到一场高频率战争已经开始，也过低估计了英国进行电子对抗的能力。

除了电子干扰技术之外，英国先进的雷达技术和密码破译技术，都为皇家空军的战机增添了强大的助推力量，使它们在与德国空军对抗中处于优势的地位。

耐人寻味的是，德国当时并不是在所有的军事技术领域都比英国差，比如，他们的雷达技术完全可以同英国人媲美。事实上，德国人的雷达技术一开始是走在英国人前面的，只是由于他们对自己的这一新技术成果未给予足够的重视，才慢慢落后，并吃了大亏。这种状况曾使当时的英国空军帕克将军发过一番感慨。他说："可真得感谢上帝，因为德国空军司令戈林对现代军事技术的运用并不娴熟。他并不真正懂得战争依赖于新的技术，并由此而引起的战术上的改变。这就大大束缚了他的手脚，使他在不列颠空战中依然沿袭陈旧的空中骑士的作战方式。否则，他们就不会失败得那么惨，而我们自然也不可能猎取这么大的战果。"

对于军事技术在战争中的作用，列宁曾经这样评价："战术是由军事技术水平决定的——这一真理恩格斯曾向马克思主义者作了详尽的解释。现在军事技术已经不是 19 世纪 50 年代那样了。用人群来抵挡大炮，用手枪防守街垒是愚蠢的事情。"

战争的历史已经反复证明，任何一位创造了战争新纪元的伟大将领，不是新的物质器材的发明者，便是以正确的方法运用他人以前所发明的新器材的第一人。

第九篇
空战结束

德国空军的失败还在于战役目标的多变,最初攻击对方战斗机机场,以歼灭对方空中有生力量;转而改为攻击以飞机制造业为主的军工生产企业,以破坏对方的兵器生产能力;最后又改为专攻大城市以打击对方士气。没有自始至终把对英国战斗机部队的打击方针贯彻到底是其一大败因。

第九篇 空战结束

一、德军的失败

1940年7月21日,希特勒在同总参谋长哈尔德谈话时提出了同俄国作战的问题,这一细节较深地反映了不列颠之战失败的根本原因。从大战略的角度看,德国在不列颠之战中的失败完全受东西两面作战形势的牵制所致。从德国所处的中央位置来看,只有东面俄国的威胁存在,西面英伦三岛的威胁才能真正发生作用,如果不存在东面的威胁,孤悬海上的英伦三岛对德国并不存在致命的威胁,这种情况在拿破仑战争时代就出现过。但首先从哪个方向上下手,对希特勒来说却是个极其困难的选择。如果先彻底解决东面的俄国,则可打掉英国人的幻想,在西面收不战而胜之功效。若先征服英伦三岛,全力对付苏联也未尝不合理,但前提是德国只能投入有限的空军来取得海峡上空的制空权。如果德国投入全部空军并且战术对头的话,把对英国的轰炸进行到底,即使消耗巨大,很有可能使英国空军丧失作战能力,德国登陆作战或许能够成功,但这种消耗将使空军无法承担之后对苏联作战的任务。所以,"海狮"计划的破产根本上受东面苏联的潜在制约所致,而"海狮"计划的破产导致德国最终陷于两面作战的困境。

德国空军的失败还在于战役目标的多变,最初攻击对方战斗机机场,以歼灭对方空中有生力量;转而改为攻击以飞机制造业为主的军工生产企业,以破坏对方的兵器生产能力;最后又改为专攻大城市以打击对方士气。没有自始至终把对英国战斗机部队的打击方针贯彻到底是其一大败因。因为,夺取制空权的关键是摧毁对方的空中有生力量，即消灭对方的战斗机部队。德军开始尚能集中攻击英国的战斗机机场，英国的战斗机部队在德军转移攻击目标前，也几乎接近崩溃的边缘，但是一个偶然的因素使希特勒决定改变攻击目标，把兵力集中到对伦敦等大城市的轰炸上，给英国战斗机部队以喘息的时间，从而丧失了击败英国空军的良机。如果德国在攻击目标上"一以贯之"，坚持打击英国战斗机部队，则德国以有限的空军夺取"不列颠之战"胜利的机会还是存在的。战后多数史学家认为：希特勒对伦敦实施轰炸的命令拯救了英国。而德国空军的三个作战目标：消灭对方空军、摧毁飞机制造业、摧毁英国士气却一个也没能实现。

德国空军的失败有诸多技术上的原因，一个重要原因是缺乏大兵团作战的经验。要取得制空权必须消灭英国的战斗机并摧毁战斗机机场。这就要使用轰炸机，而轰炸机则需要战斗机的护航。但在不列颠空战之前，德国空军从来没有进行过战斗机群大规模掩护轰炸机群作战的演习，两个机种配合默契程度较差，只是后期才有所改观，不过已无济于事。

相对英国来说，德国作战飞机质量较差也是失败的重要因素。德国使用的主要战斗机机种"梅-109"型的有效航程太短，它的真正活动半径包括来回距离只有160多公里，滞空时间总共才80分钟，从加来飞至伦敦只能作极短时间的战斗便要返航。"梅-109"型战斗机的起飞和降落在技术操作上难度很大，法国沿海机场都是匆匆建立的简陋机场，飞机升天、落地造成的困难也就更大。另一种型号的德国战斗机"梅-110"型时速为480多公里，既不灵活也不易加速，战斗中很容易被英国"喷火"式战斗机赶上，甚至它本身都需要"梅-109"型战斗机来保护。德国人原先想把"梅-110"型战斗机制成最先进的机种，但却遭到技术上的失败。德国战斗机的最大弱点是无线电装备的原始化，英国战斗机要先进许多，且德国战斗机群也无法由地面加以指挥控制。另外，德国轰炸机装备的火力太弱，只有几挺自由旋转的机枪，若无战斗机保护就无法抵抗英国战斗机的攻击。

德军在飞行员使用上明显不如英军，英国的战斗机驾驶员尽管损失较大，但往往能够非常合理地使用有限的人力资源。8月初，道丁将军手下的飞行员增加到了1434人，又从海军航空兵借到68人。英国空军训练部门每月可向前线输送约260名新飞行员，虽然新的飞行员缺乏经验，新的战斗机部队损失比老部队的大，但却能及时弥补不足，而且英国的战斗机飞行员的士气不断受到鼓舞和增强。相反，德国飞行航校培养的飞行员超过前线所需，但戈林却一向看不起战斗机机种，认为这个机种只能进行空中防御，他又用战斗机飞行员去补充轰炸机人员的损失，因而浪费了不少最佳的战斗机飞行员。在空战期间，战斗机飞行员通常一天要出动两三次，有时甚至达五次之多，不准有休息日，也不准前线单位实行轮调制，这就加重了战斗机部队的疲劳。到了9月，战斗机部队的官兵对德军是否真会实施登陆作战产生了怀疑，觉得为假戏真做而牺牲太不值得，戈林又常常把作战失利归咎于战斗机部队缺乏朝气，因此他们的士气十分低落。由于战斗机与轰炸机之间缺乏配合，德国轰炸机往往攻击不到位，把炸弹胡乱扔在乡间田野就溜之大吉。在遭到对方战斗机攻击时，更是无法对抗而损失惨重，因此到了作战后期，轰炸机飞行员的士气已是一落千丈。

气象原因对德军作战失利也是一个很大的影响，英吉利海峡上空的云层在夏季变幻莫测，经常大雾弥漫。海峡上空的气候常常是不利于进攻一方，而对防守一方有利。因为地球旋转使得天气变化由西向东发展，所以英国人总是比德国人先知道气象情况。虽然德国方面已经能破译英国气象报告的无线电密码，但却没有好好加以利用，因而还是常常吃亏。尤其当轰炸机群与战斗机群在进行空中集结编队时，经常被意外的云层和恶劣的能见度所破坏。比如在法国北部和比利时上空突然出现的云层总是让轰炸机群赶不上同战斗机群会合的时间，而战斗机油料有限，无法等待，只好临时去支援其他轰炸机群，结果某一轰炸机群得到了加倍掩护，而另一队轰炸机群却因没有战斗机掩护而损失惨重。入秋以后，气象条件变得更加恶劣，这种差错的机会也随之增多，所造成的损失也就更加惨重。

二、英军的胜利

英国空军总体实力不到德军的一半，但却最终获胜，其主要有下列几个原因：

战略上，英国早就预见到了英国生死存亡的关键取决于制空权的争夺，所以从1940年5月就开始有计划有目的地采取一切措施来加强防空，在指挥体制、防空兵力部署等方面作好了充分的准备。而纳粹德国始终抱有诱使英国媾和的幻想，在外交和政治上展开了诱降活动，军事上的准备明显不足。而且德军统帅部一直都没有一个比较成熟完善的进攻方案，"海狮"计划也是仓促而就，缺乏必要的研究分析。即使在空袭开始后，希特勒也一直梦想通过空袭来迫使英国屈服，并未进行认真周密的登陆作战准备。

武器装备上，德国空军装备的轰炸机绝大部分是俯冲轰炸机和轻、中型轰炸机，载弹量大、航程远的战略重轰炸机数量极少，根本无法承担起战略轰炸的重任。护航的战斗机又只有"梅-109"还能勉强与英军战斗机对抗，但受到航程的限制，作战中难以发挥应有的作用。英军虽然飞机数量少，但性能优秀，而且与雷达、高炮和拦阻气球组成了完整的防空体系，又是本土作战，几乎没有航程限制，大大抵消了数量上的劣势。尤其是英军建立了完善的雷达预警系统，可以有效发现来袭敌机的数量和方向等基本情况，避免了战斗机不必要的空中巡逻警戒，使战斗机起飞就是迎战，节约了大量人力、物力。

战术上，德国空军最大的失误就是在8月底，重点攻击英国空

第九篇 空战结束

军基地和飞机制造厂，使英军损失惨重，即将崩溃之时，却出于报复柏林遭受空袭的思想，转而空袭伦敦，致使英国空军获得了宝贵的喘息之机，迅速恢复战斗力，从而与"不列颠之战"的胜利失之交臂！英军在防空作战中，采取了统一指挥、集中使用、全面防御、突出重点的方针，以战斗机为主，结合使用高射炮、探照灯和拦阻气球，并且成纵深梯次配置，并及时改变战术，以5个至7个中队组成大编队作战，空战中多采用尾随攻击、分割攻击、分进合击等战法，取得了胜利。

地理上，英国空军是本土作战，飞行员熟悉气候、地形，士气又高，特别是即使被击落，只要飞行员平安落地，还能回到部队继续参战。而德军飞机只要被击落，飞行员即便能够跳伞逃生，还是逃脱不了成为战俘的命运，这就是所谓的人机俱失。

英国空军在本土作战，这就取得了防御上的优势，其飞机作战半径距离短，留空时间长，飞机距机场很近，可很快回去加完油再升空投入战斗。

英国空军使用的战术是专打德国轰炸机，尽量避免与德国战斗机作战。除非遇到护航的轰炸机群，才同对方战斗机格斗。

英国战斗机在作战中，没有掩护轰炸机的任务，比因护航需要而被迫保持在5000～6000米高度飞行的德国战斗机具有更大的自由度，如果发生战斗，英国战斗机常常占据有利的攻击位置。德国战斗机为了引诱英国战斗机进行一对一的格斗，往往悬挂炸弹来冒充轰炸机，这就降低了战斗性能，成为空中累赘。德国的双引擎战斗机因此遭到重大损失，以致无法进行补充。

英国空中防御还得益于高射炮部队的协同。战前，英国陆军当局眼光短浅，出于争取更多军费的考虑，反对扩充高射炮部队，后来也是勉强同意。从1937年到1939年，英国高射炮兵部队由2个师扩充到7个师，由派尔中将出任高射炮兵司令，对高射炮部队实行统一指挥。但陆军当局的干扰还是产生一些不利的影响，造成会战开始阶段高射炮数量一时不能满足作战需求。在整个作战过程中，英国集中了2000多门轻型和重型高射炮，并配备了4000多具探照灯。虽然这些高射炮真正打下的飞机不多，但受到严重干扰的德国轰炸机投弹的准确率大打折扣。

英国获胜的另一个重要因素是利用先进的雷达监视系统,来协助空中作战。德国飞机从西欧的一些基地刚起飞,它们的影子就在雷达的荧光屏上显示出来,它们的航程被精确地标出来后,又通过地面雷达站调整部署,指挥战斗机在最有利的时间和地点迎战德国空军。地面雷达站还可以与空中的飞行员保持联系,指挥空中战斗。德国人不久就认识到这些地面雷达站的重要性,曾全力进行打击,并使之受到严重破坏。但后来打击目标转向了伦敦,没有把这一攻击继续下去。希特勒改变攻击目标的命令和让装甲部队停在敦刻尔克外围的命令的性质是差不多的,都属指导战争时的重大失误。这些雷达站和"扇形站"在不列颠空战中的价值是难以估量的,这些雷达监视系统使德国空军的攻击丧失了突然性和隐蔽性,是导致德军失败的决定性因素之一。这充分表明,将先进的科学技术及时转为军事技术的重要性。

英国飞机生产的效率高也是英国取胜的重要因素。1940年5月上旬,在法兰西会战时,英国空军共有战斗机1650架,在会战结束时已经损失了400多架。但到了7月中旬,又恢复到1650架。这主要归功于比弗布鲁克勋爵的努力,他在5月出任丘吉尔内阁的飞机生产部部长后,就把战斗机生产量增加了两倍半,以致道丁将军把这种生产速度称为奇迹。在整个作战期间,英国飞机生产量远大于德国,英国飞机的年产量达到了4283架,而德国的年产量刚过3000架。

当然,英军也暴露出了一些问题,虽然空军力量并不强大,但却未将有限的轰炸机攻击德军的前沿机场,这是最大的失策。还有就是在前期空战中,由于道丁和帕克主张小编队逐次参战,使英军常常在10倍,甚至20倍、30倍的悬殊劣势下与德机作战,蒙受了很多不必要的损失。

不列颠战役是人类战争史上首次空战战争,证明了战略性的大规模空袭将直接影响战争的进程,显示出制空权在现代化战争中的重要地位,并证明了防空的战略意义。

由于不列颠战役的胜利,英国得以保存下来,而英国的坚持抗

第八篇 空战结束

■ 英国的一家工厂内，工人们正为防空声音探测器安装一套抛物面。

战，把德军拖入了致命的长期持久战，而且成为日后英美反攻欧洲大陆的跳板，使德军陷入了两面作战的困境。

可以设想，如果不列颠之战中德军获胜，那很快就会实施登陆，只要德国陆军登上英伦三岛，英国就将彻底失败，以后即使美国参战，要想横渡大西洋收复欧洲大陆，简直是梦呓！接下去德军再全力进攻苏联，整个第二次世界大战的历史就将全部改写，因此，不列颠之战绝对是战争的转折点，随着德军飞机的纷纷坠地，就已经埋下了日后纳粹德国失败的伏笔！

对德国来说，这场空战仅仅是"海狮"计划的第一阶段，接下来还有陆军占领滩头阵地、巩固登陆场、进行陆上会战等阶段。事实说明，在没有夺取制空权的情况下，其他几个阶段的战斗根本无法实施。因此，不列颠空中会战给今天人们最大的启示是：没有制空权就无法进行渡海登陆作战。

由于战争中还有许多问题悬而未决，因此，关于不列颠之战的胜负与其说是挫伤了纳粹侵略的锐气，倒不如说是英国保卫自由世界的决心没有动摇。况且德国空军并没有被消灭，它仍然存在。这使人们不可能用传统的方式在胜利者和失败者之间划一条明显的界限。然而，即使随着岁月的流逝，皇家空军飞行员的辉煌战绩也是磨灭不了的。任何理论家所作的学术分析都不能忽视这样一个事实，即英国空军仅以相当于一个步兵旅或一艘战舰乘员的兵力，保卫了整个英国免遭德国的入侵。

　　空战结束了。

　　飞机的轰鸣声远去了。

　　留下的是旷古的幽思。

　　大地在这里沉默，天空于此间无语。

　　战争，不知何时会消失……